ISBN 978-0-266-66508-3
PIBN 11005655

1 MONTH OF
FREE
READING

at

www.ForgottenBooks.com

By purchasing this book you are eligible for one month membership to ForgottenBooks.com, giving you unlimited access to our entire collection of over 1,000,000 titles via our web site and mobile apps.

To claim your free month visit:

www.forgottenbooks.com/free1005655

English
Français
Deutsche
Italiano
Español
Português

www.forgottenbooks.com

Mythology Photography **Fiction**
Fishing Christianity **Art** Cooking
Essays Buddhism Freemasonry
Medicine **Biology** Music **Ancient
Egypt** Evolution Carpentry Physics
Dance Geology **Mathematics** Fitness
Shakespeare **Folklore** Yoga Marketing
Confidence Immortality Biographies
Poetry **Psychology** Witchcraft
Electronics Chemistry History **Law**
Accounting **Philosophy** Anthropology
Alchemy Drama Quantum Mechanics
Atheism Sexual Health **Ancient History**
Entrepreneurship Languages Sport
Paleontology Needlework Islam
Metaphysics Investment Archaeology
Parenting Statistics Criminology
Motivational

SOCIABILITÉ.

Par M. l'Abbé PLUQUET.

François André Adrien

Quæsita virtus est, non quæ naturam relinqueret, sed quæ tueretur. Cic. de finib. lib. 4.

TOME· SECOND.

A PARIS,

Chez Barrois, Quai des Augustins

M. DCC. LXVII.

Avec Approbation & Privilège du Roi.

TABLE

Des Sections & des Chapitres.

TABLE.

TABLE.

SECTION VI.

TABLE.

Fin de la Table du Tome II.

APPROBATION.

J'AI lu par ordre de M. le Vice-Chancelier, un Manuſcrit qui a pour titre : *De la Sociabilité*. Cet Ouvrage,
rempli de la plus ſaine morale, m'a paru devoir réunir
l'eſtime & les ſuffrages du Public. Fait à Paris ce 20 Octo-
bre 1766. *Signé* ALBARET.

PRIVILEGE DU ROI.

LOUIS, par la grace de Dieu, Roi de France & de
Navarre : A nos amés & féaux Conſeillers, les Gens-
tenant nos Cours de Parlement, Maîtres des Requêtes
ordinaires de notre Hôtel, Grand Conſeil, Prévôt de Paris, Baillifs, Sénéchaux, leurs Lieutenans Civils & autres nos Juſticiers qu'il appartiendra, SALUT. Notre amé
Marie-Jacques BARROIS, Libraire, Nous a fait expoſer qu'il deſireroit faire imprimer & donner au Public un
Manuſcrit, intitulé : *De la Sociabilité*, par M. l'Abbé
Pluquet, s'il Nous plaiſoit lui accorder nos Lettres de
Privilége pour ce néceſſaires. A CES CAUSES, voulant fa-
vorablement traiter l'Expoſant, Nous lui avons permis &
permettons par ces Préſentes, de faire imprimer ledit
Ouvrage autant de fois que bon lui ſemblera, & de le vendre, faire vendre & débiter par-tout notre Royaume,
pendant le temps de ſix années conſécutives, à compter du
jour de la date des Préſentes. Faiſons défenſes à tous Imprimeurs, Libraires, & autres perſonnes, de quelque qualité & condition qu'elles ſoient, d'en introduire d'impreſſion étrangere dans aucun lieu de notre obéiſſance : comme
auſſi d'imprimer, ou faire imprimer, vendre, faire vendre, débiter, ni contrefaire ledit Ouvrage, ni d'en faire
aucun extrait ſous quelque prétexte que ce puiſſe être,
ſans la permiſſion expreſſe & par écrit dudit Expoſant, ou
de ceux qui auront droit de lui, à peine de confiſcation
des Exemplaires contrefaits, de trois mille livres d'amende
contre chacun des contrevenans, dont un tiers à Nous, un
tiers à l'Hôtel-Dieu de Paris, & l'autre tiers audit Expoſant, ou à celui qui aura droit de lui, & de tous dépens,
dommages & intérêts ; à la charge que ces Préſentes ſeront

enregiſtrées tout au long ſur le regiſtre de la Communauté des Imprimeurs & Libraires de Paris, dans trois mois de là date d'Icelles; que l'impreſſion dudit Ouvrage ſera faite dans notre Royaume & non ailleurs, en beau papier & beaux caractères, conformément aux Réglemens de la Librairie, & notamment à celui du 10 Avril 1725, à peine de déchéance du préſent Privilége; qu'avant de l'expoſer en vente, le manuſcrit qui aura ſervi de copie à l'impreſſion dudit Ouvrage, ſera remis dans le même état où l'Approbation y aura été donnée, ès mains de notre très-cher & féal Chevalier, Chancelier de France, le ſieur DE LAMOIGNON, & qu'il en ſera enſuite remis deux Exemplaires dans notre Bibliothèque publique, un dans celle de notre Château du Louvre, un dans celle de notredit ſieur DE LAMOIGNON, & un dans celle de notre très-cher & féal Chevalier, Vice-Chancelier & garde des Sceaux de France, le ſieur DE MAUPEOU: le tout à peine de nullité des Préſentes; du contenu deſquelles vous mandons & enjoignons de faire jouir ledit Expoſant & ſes ayans cauſes, pleinement & paiſiblement, ſans ſouffrir qu'il leur ſoit fait aucun trouble ou empêchement. Voulons que la copie des Préſentes qui ſera imprimée tout au long, au commencement ou à la fin dudit Ouvrage, ſoit tenue pour dûement ſignifiée, & qu'aux copies collationnées par l'un de nos amés & féaux Conſeillers-Secrétaires, foi ſoit ajoutée comme à l'original. Commandons au premier notre Huiſſier ou Sergent ſur ce requis, de faire pour l'exécution d'icelles, tous actes requis & néceſſaires, ſans demander autre permiſſion, & nonobſtant clameur de Haro, Charte Normande & Lettres à ce contraires; car tel eſt notre plaiſir. Donné à Verſailles le dix-huitième jour du mois de Février, l'an de grace mil ſept cens ſoixante-ſept, & de notre Regne le cinquante-deuxième. Par le Roi en ſon Conſeil.

LE BEGUE.

Regiſtré ſur le Regiſtre XVII de la Chambre Royale & Syndicale des Libraires & Imprimeurs de Paris, N.º 1299, folio 166, conformément au Réglement de 1723. A Paris ce 6 Mars 1767.

GANEAU, Syndic.

DE

DE LA
SOCIABILITÉ.

SECTION TROISIEME.

De l'origine des principes de sociabilité que nous avons découverts dans l'homme, & de l'obligation qu'ils imposent.

LA cause productrice de l'homme, est aussi le principe de ses besoins essentiels, & de ses obligations naturelles : nous ne l'avons d'abord considérée, que

comme une force motrice qui
arrangeoit la matiere, & qui en
tiroit les élements, les aftres, la
terre, les plantes & les animaux;
ces vues fuffifoient alors au deffein que nous avions de faire un
examen impartial de l'homme,
& de rejetter comme des notions
fauffes ou incertaines, tout ce que
nous avions penfé fur fon origine,
fur fa nature & fur fa deftination. Maintenant nous ne pouvons
nous tenir à cette notion vague,
ou à cette premiere fuppofition :
la reconnoiffance, l'amour de
notre bonheur, la raifon ne nous
permettent pas de refter dans cet
état d'ignorance : il faut être ftu-
pide ou infenfé pour ne pas de-
firer de connoître une puiffance,
qui, en donnant l'exiftence à
l'homme, l'a foumis à tous les
befoins qu'il éprouve, & a tout
arrangé fur la terre, pour qu'il
puiffe les fatisfaire; qui a dépofé

dans son cœur le germe de toutes les vertus sociales, & le desir de l'immortalité; qui en lui donnant la mémoire, la faculté de raisonner, le desir de connoître, a tout arrangé dans les phénomènes de la nature; dans l'organisation de son corps, dans la multitude & dans le développement de ses besoins & de ses inclinations pour élever son ame à l'idée d'une intelligence suprême rémuneratrice de la vertu, & vengeresse du crime.

Nous sommes portés naturellement à croire que la cause productrice de l'homme, est une intelligence suprême qui a créé le monde, & qui le gouverne; mais c'est peut-être une illusion naturelle à l'esprit humain, un préjugé que la raison condamne : Spinosa, Hobbes, & d'autres Philosophes l'ont pensé. Défions - nous donc de ce penchant, & ne nous

repofons pas fur les idées auxquelles il nous conduit par rapport à la caufe productrice de
l'homme : pour la connoître, fui-
vons la méthode que nous avons
fuivie pour découvrir les principes de la Sociabilité : approchons-
nous de cette force qui tire du
fein de la matiere les aftres, la
terre, les plantes & les animaux :
examinons-la dans ces différentes
opérations ; interrogeons, pour
ainfi dire, tous ces êtres ; & n'at-
tribuons à cette force motrice,
que ce que l'évidence des faits,
& la raifon nous forceront de lui
attribuer.

　Le mouvement qui forme les
aftres, le ciel, la terre & les animaux, n'eft point effentiel à la
matiere dont les corps font formés ; la force motrice n'eft donc
ni la matiere, ni une de fes propriétés ; elle exifte dans un être
effentiellement différent.

Si le mouvement n'eſt point
eſſentiel à la matiere, il ne lui eſt
point eſſentiel qu'elle ſoit mue
avec un degré de force, ou avec
dix, vers un côté plutôt que vers
un autre; la force motrice n'étoit
point déterminée néceſſairement
à la mouvoir avec un degré de
force, plutôt qu'avec un autre;
car alors, elle auroit mû toutes
les autres parties de la matiere
avec ce degré de force: elle n'é-
toit point déterminée par ſa nature à la mouvoir vers un côté,
plutôt que vers un autre; car
alors, toutes les parties de la matiere ſe ſeroient mûes dans le
même ſens & vers le même côté: le monde n'exiſteroit point:
car pour produire les aſtres, la
terre & les animaux, il a fallu
donner aux différentes parties de
la matiere un nombre infini de
directions, de figures & des vî-
teſſes différentes: il a donc fallu

qu'entre un nombre infini de directions, de figures, de vîtesses différentes dont chaque partie de matiere étoit susceptible, la force motrice se soit déterminée à une par choix & avec liberté. Car il n'y a que le choix d'une intelligence libre, qui puisse déterminer à se mouvoir avec un certain dégré de force & vers un certain côté, une matiere qui pouvoit se mouvoir ou ne se mouvoir pas, se mouvoir avec une infinité de dégrés, & vers une infinité de côtés différents.

Attribuer cette détermination au hazard, c'est dire qu'une chose est, sans qu'il y ait aucune raison pour qu'elle soit.

Non-seulement il y a des corps, il y a des esprits essentiellement distingués de la matiere. Ces esprits connoissent les corps, ils éprouvent différents sentiments, selon que les organes du corps font affectés. C'eſt la force motri-ce qui a mis entre ces eſprits & les corps ces rapports qui pouvoient ne pas exiſter, puiſque les corps & les eſprits ſont des ſubſtances eſſentiellement diſtinguées. Ainſi toutes les opérations de la force motrice qui a produit l'homme, ſuppoſent qu'elle eſt une intelli-gence qui veut & qui ſe détermi-ne avec connoiſſance, & libre-ment.

Tout eſt lié dans le ſyſtême phyſique de la nature, toutes les parties de la matiere agiſſent les unes ſur les autres. Pour former la terre, les hommes & les ani-maux tels qu'ils ſont, il ne ſuffi-ſoit pas d'agir ſur le globe terreſ-tre & ſur l'atmoſphère qui l'envi-ronne. Un dégré de maſſe ou de mouvement de plus ou de moins dans les différentes parties de la matiere qui compoſe les aſtres, ou qui remplit l'eſpace immenſe

dans lequel ils fe meuvent, chan-
geoit tous les phénomènes. L'intelligence qui a formé l'homme.,
a donc agi fur toutes les parties
de la matiere que le monde renferme, & elle a produit dans ces
corps la figure & le mouvement
qu'elle a voulu.

C'eſt cette même intelligence
qui a mis entre les fentiments
de l'ame & les mouvements des
corps, les rapports que nous y
voyons. L'intelligence qui a formé le monde & l'homme, produit
donc dans tous les efprits, les fentiments qu'elle veut, elle eſt toute
puiſſante fur les corps & fur les
efprits. Nous avons prouvé toutes
ces vérités plus au long dans l'examen du Fatalifme.

Ces efprits & ces corps fur lefquels l'intelligence productrice
du monde agit avec tant d'empire, ne font point éternels, ils n'e-
xiſtent point par eux-mêmes, ou

par la néceſſité de leur nature : car ils ſeroient ſouverainement parfaits ; ils auroient toutes les perfections poſſibles. Les eſprits & les corps ont donc été créés, & ils l'ont été par l'intelligence productrice du monde, puiſqu'elle les a fait exiſter par-tout ou elle a voulu, & qu'elle a déterminé leurs propriétés & leurs qualités différentes.

L'intelligence qui a formé les organes de l'homme a donc auſſi donné l'exiſtence à ſon eſprit & à tous les corps, mais elle ne l'a point reçue : car il eſt impoſſible que tout ait été créé, ou ſoit ſorti du néant, il faut néceſſairement qu'il y ait un Etre exiſtant par lui-même, qui n'ait point reçu l'exiſtence, & qui l'ait donnée à tout ce qui l'a reçue. L'intelligence productrice de l'homme & du monde exiſte donc par la néceſſité de ſa nature, elle eſt eternelle, toute-

puiſſante & ſouverainement parfaite.

Nous ne nous étendons pas
davantage ſur les principes méta-
phyſiques qui prouvent l'exiſtence
de cette intelligence toute-puiſ-
ſante : nous les avons traités avec
beaucoup d'étendue dans l'examen du Fataliſme.

Ainſi la métaphyſique & la raiſon nous conduiſent à l'intelligence ſuprême, à laquelle nos beſoins, nos inclinations & les phénomènes nous élevent.

Les hommes n'ont pas toujours
ſuivi les lumieres de la raiſon &
les inſpirations de la nature dans
la recherche de leur origine, &
dans l'étude de la cauſe productrice du monde ; beaucoup de
philoſophes l'ont regardée comme
une cauſe aveugle & néceſſaire.

Ce ſeroit ici le lieu de répondre à leurs difficultés, mais comme nous avons recherché dans

l'examen du Fatalisme les causes de leurs erreurs, exposé leurs systêmes, & réfuté leurs principes; nous prions qu'il nous soit permis de renvoyer à cet ouvrage, les lecteurs qui désireront une connoissance plus étendue des difficultés qui combattent la vérité que nous venons d'établir, & de leur réfutation. Nous exposons dans le premier Volume tous les systêmes du Fatalisme, qui se sont formés depuis la naissance de la philosophie jusqu'à notre siécle, & nous les avons reduits à deux, dont un suppose qu'il n'y a dans le monde qu'un seul Etre, une seule substance dans laquelle existent tous les corps & tous les esprits, & dont ils sont des modifications. Le second suppose une infinité de corps & de substances qu'une force motrice arrange, & dont elle forme tous les phéno-mènes & l'homme. Nous avons

A 6

fait rentrer dans ces deux fyftê-
mes, & nous avons réfuté dans
le fecond & dans le troifieme Volume tout ce que nous avons cru
qu'on pouvoit dire en faveur du fatalifme, & contre l'exiftence d'une
intelligence toute-puiffante qui a
créé tout librement, & qui gouverne le monde avec fageffe.

C'eft l'intelligence créatrice
qui a produit l'organifation de
l'homme : c'eft elle qui a donné
à la matiere une infinité de formes & de mouvements différents,
dans lefquels le corps humain ne
peut exifter. L'organifation de
l'homme eft donc l'effet d'une
volonté particuliere de l'intelligence créatrice, elle n'eft point
la fuite d'une loi générale...

La difpofition des organes eft
telle qu'elle porte au cerveau toutes les impreffions des corps extérieurs. L'intelligence créatrice a
uni à cette partie du corps hu-

main une ame , & elle a établi que les impreſſions faites ſur le cerveau produiroient dans l'ame du plaiſir ou de la douleur, ſelon qu'elles ſeroient utiles ou contraires à la conſervation du corps.

Dans ce même corps., il y a des organes qui portent au cerveau, non-ſeulement l'image des autres hommes, mais encore l'expreſſion de la douleur ou du plaiſir qu'ils éprouvent.

Cette image de la ſouffrance ou du plaiſir des autres ne s'y grave point comme celle d'un fruit agréable ou déſagréable : elle produit dans le ſpectateur un ſentiment de plaiſir ou de douleur, de triſteſſe ou de joie ; ainſi pour rendre l'homme capable du ſentiment de l'humanité , il a fallu des organes différents de ceux qui ſont deſtinés à produire les ſenſations.

Le ſentiment de l'humanité dépendoit donc d'une organisation particuliere qui a été déterminée & choisie par l'intelligence créatrice, elle a donc voulu qu'il fût bienfaisant & compatissant, qu'il soufrît lorsqu'il feroit du mal, & qu'il ressentît du plaisir lorsqu'il soulageroit un malheureux. Elle a donc attaché des peines à la méchanceté, & des récompenses à la bienfaisance & à la sensibilité compatissante. L'inclination naturelle qui porte l'homme à aimer son semblable, & la répugnance à lui faire du mal sont donc des loix prescrites par l'intelligence créatrice.

L'homme aime tout ce qui contribue à la conservation de son corps, mais il n'aime pas son bienfaiteur, comme le fruit qui le nourrit, ou qui est d'un goût agréable. Il falloit pour le rendre reconnoissant qu'il y eût dans l'homme une disposition différen-

te de la sensibilité. La reconnoissance n'est pas une suite des loix
qui ont produit des êtres sensibles, c'est l'objet d'une détermination & d'une volonté particuliere, de l'intelligence créatrice,
qui a voulu que l'homme fût reconnoissant, comme elle a voulu qu'il
fût bienfaisant.

Ce que nous avons dit de l'humanité, de la bienfaisance, & de
la reconnoissance, il faut le dire de
tous les principes de sociabilité.

Il en est un qui fait que l'homme se condamne lui même, lorsqu'il a été injuste ou inhumain;
il éprouve des remords, il a une
conscience qui le condamne. L'intelligence créatrice a donc voulu
que l'homme regardât comme un
crime tout ce qui attaque le bonheur des autres. Toute action
nuisible est donc en effet un crime qui déplaît à l'intelligence suprême & toute puissante. Le ré-

mords & le repentir qui fuit une action inhumaine, eft une correction naturelle, une défenfe qu'elle lui fait fans ceffe de nuire aux autres; le cri de la confcience eft une promulgation continuelle des principes de fociabilité partoute la terre & à tous les hommes. Quelles loix humaines font auffi claires, auffi authentiquement publiées, auffi connues?

La crainte de la juftice divine dans une autre vie, le defir d'exifter après la mort, qui fe fait fentir dans toutes les ames eft auffi bien l'ouvrage de l'intelligence créatrice, que l'organifation de l'homme. Ce font des motifs qu'elle a deftinés à porter les hommes à la pratique des vertus fociales; à moins qu'on ne prétende qu'elle n'a point voulu ce qu'elle s'eft pourtant déterminée à faire librement, avec choix & par préférence.

L'intelligence créatrice a mis
entre les phénomènes de la nature, & les impreſſions des organes,
entre les impreſſions des organes
& les ſentiments de l'ame, les rapports que nous y voyons ; c'eſt
elle qui a mis entre les éléments,
les rapports propres à produire les
fruits & les dons que la terre pro-
digue à l'homme, auſſi bien que
ce ſpectacle de puiſſance & de
terreur que nous offrent les vol-
cans, les orages, les météores.
Elle a mis dans l'homme les beſoins qui le forcent de s'élever à
l'idée d'une intelligence créatrice,
& les diſpoſitions néceſſaires pour
que les dons & les phénomènes de
la nature produiſiſſent en lui des
ſentiments d'amour, de reſpect,
de crainte & d'admiration pour
elle; elle a donc voulu que l'homme l'honorât par tous ces ſentiments, & que tous le portaſſent à
deſirer de lui plaire.

L'homme en ne fuivant que fon inclination naturelle, & la lumiere de la raifon, connoît que pour plaire à l'être fuprême, il faut obéir à fes loix, fe conformer à fa volonté; il voit & fent qu'il a voulu que l'homme fût bienfaifant, jufte, bon, compatiffant. La bienfaifance & la pratique des vertus fociales, font donc des parties effentielles de la religion naturelle, un culte indifpenfable, & le principal moyen de témoigner fon amour & fa reconnoiffance à l'être fuprême.

Ce n'eft point dans l'ignorance & dans les préjugés, dans l'intérêt & dans les fourberies des prêtres ou des politiques, que cette religion a fa fource; c'eft dans les plus pures lumieres de la raifon, dans le cœur même de l'homme; elle n'eft ignorée invinciblement de perfonne, & nul prétexte n'en peut difpenfer.

Les principes de fociabilité , unis avec la croyance de l'intelligence créatrice , forment donc un fyftême de religion qui tend à faire régner fur la terre, la paix & le plus grand bonheur dont l'homme foit capable. Par - tout où cette religion animera les hommes , une bienfaifance active , généreufe jufqu'au dévouement, unira tous les hommes. Le foulagement d'un malheureux fera un plaifir , & un objet d'émulation ; les maux inféparables de la nature humaine ne font plus fans réme-de ; ils auront une fin , & cette fin fera le commencement du bonheur pour l'homme vertueux.

Quel pouvoit donc être l'objet de Bayle dans cette multitude d'objections , par lefquelles il s'eft efforcé d'obfcurcir l'exiftence de l'Etre fuprême. Il combat cette vérité par les maux auxquels la nature humaine eft fujette , par les défordres dans lefquels elle eft plongée, & il veut ôter aux hommes le plus puiffant moyen d'arrêter les défordres, & de fupporter les malheurs. Henri Morus, comparoit ceux qui avoient précédé Bayle dans ce genre de compofition, & qui fe glorifioient de leurs fuccès, à un peuple infenfé qui après avoir tué le plus fage, le plus jufte, le plus tendre & le meilleur des Rois, fe feliciteroit & triompheroit de fon parricide. (1)

---

(1) *Athæorumque gloriationem, perinde effe ac fi ftultiffimus populus de fapientiffimi benigniffimique principis cæde ovarent inter fe & gratularentur.* Lettre de *Henri Morus* à Defcartes, tom. 2. des Lettres de Defcartes, Lettre premiere. Avant Morus, Phédre avoit dit: *Et ut putentur fapere, cælum vituperant.*

SECTION QUATRIEME.

De la poſſibilité de la ſubordi-nation entre les hommes.

Les beſoins & les inclinations que l'homme reçoit de la Nature, le portent à s'unir à ſes ſembla-bles , & dirigent toutes ſes facul-tés , toutes ſes forces & toutes ſes actions, vers le bonheur de ceux auxquels il eſt uni , & vers le bien général de l'humanité. Mais la Nature ne fait pas naître tous les hommes avec des forces égales, ou avec les mêmes diſpoſitions, & les mêmes talents pour les fonc-tions qui peuvent contribuer au bonheur des autres. Ils n'ont pas tous les mêmes lumieres & les mê-mes connoiſſances ; ils peuvent ſe tromper , & pervertir les inclina-

tions qu'ils ont reçues de la Nature. Il faut donc pour affurer la
paix & le bonheur des fociétés,
qu'il y ait une puiffance capable
de diriger & d'appliquer les forces
particulieres, les talents, l'induftrie, les facultés des hommes
réunis, qu'ils fe foumettent à cette puiffance, & que tous en dépendent.

Cette dépendance eft ce que
l'on nomme fubordination, politique ou civile, fans laquelle il
eft clair qu'il ne peut y avoir de
fociété.

Mais cette puiffance n'étant
établie que pour le bonheur général, elle eft fubordonnée elle-
même à cette fin, & ne doit agir
que pour y conduire les hommes
qui lui font foumis. La fubordination politique a donc deux parties effentielles : la premiere con-
fifte dans l'obéiffance des particuliers à la puiffance qui gouver-

ne : la feconde dans l'obéiffance
de la puiffance qui gouverne, à
cette loi primitive & immuable
de la Nature & des fociétés, le
bonheur général & commun.

Si les hommes réunis peuvent
établir fur eux une puiffance fuprême, & lui obéir; s'ils tendent
naturellement à établir cette puiffance & à s'y foumettre ; fi les
hommes dépofitaires de cette puiffance peuvent la diriger vers le
bonheur général, s'ils font portés naturellement à la diriger vers
cet objet, l'homme eft capable de
la fubordination néceffaire pour
la formation, le maintien & le
bonheur de la fociété.

Continuons à examiner fans pré-
vention & fans préjugé l'homme
de la Nature, & nous le trouve-
rons capable de cette fubordination.

CHAPITRE PREMIER.

es hommes réunis font portés na-
turellement à établir fur eux
une puiſſance fuprême, & à lui
obéir ; ou à obéir à celle qui
gouverne la fociété dans laquel-
le la naiſſance ou le choix les
ont placé,

LA dépendance eſt le premier
at de l'homme : la Nature le fait
ître foible, & incapable de ſe
ocurer aucune des choſes né-
ſſaires à ſa conſervation : elle
confie & le ſoumet ſans réſerve
la tendreſſe du pere & de la
ere ; il ſemble qu'elle ait voulu
e la ſubordination fût la pre-
iere de ſes habitudes, & qu'il
a ſentît les avantages long-temps
ant qu'il pût en connoître la
éceſſité par la raiſon.

Auſſitôt

Auſſitôt qu'il peut réfléchir, il voit que ſon pere & ſa mere pouvoient lui ôter la vie ou l'abandonner; qu'ils l'ont nourri, qu'ils l'ont protégé, contre les hommes, contre les animaux, contre les éléments; il voit qu'ils l'inſtruiſent & qu'ils le dirigent; il voit en eux des ſouverains naturels, parce qu'il les voit comme des hommes ſupérieurs à lui, par leurs forces & par leurs lumieres : mais il voit qu'ils ne font uſage de leur ſupériorité que pour ſon bonheur; ils ſont pour lui des êtres ſupérieurs & bienfaiſants; il les reſpecte, il les aime, il craint de les irriter, de ceſſer d'en être aimé; car le reſpect, la crainte & l'amour ſont des ſentiments que produit néceſſairement l'idée & la préſence d'une puiſſance ſupérieure qui s'occupe de notre bonheur.

Ainſi, pendant ſon enfance, &

sous le gouvernement paternel,
l'homme prend nécessairement
l'habitude de la subordination, il
en connoît par sa propre expérience les avantages & la nécessité; il est disposé par cette longue
habitude, à voir dans un supérieur qui veut le gouverner, un
homme respectable & bienfaisant.

Supposons que le hazard réu-
nisse plusieurs familles, chaque
famille apportera dans la société un principe de soumission
& de respect pour les hommes
les plus éclairés, & qui possé-
deront les qualités les plus propres à procurer l'avantage pour
lequel les familles se sont réu-
nies. C'est ainsi que les Ethiopiens
choisissoient pour Roi, tantôt
l'homme le plus robuste, tantôt
le berger le plus habile, quelquefois l'homme le plus riche : tandis qu'après avoir sécoué le joug
des Assyriens, les Medes, pour

arrêter les défordres que caufoit chez eux l'Anarchie, fe foumettoient abfolument à Déjocès récommandable chez eux par fes lumieres & par fon équité.

Ainfi, dans l'ordre de la nature, la puiffance à laquelle la direction des forces de la fociété eft confiée, prend naturellement la place de l'autorité paternelle, elle devient pour chaque particulier ce que l'autorité paternelle eft dans la famille. On la voit fans ceffe occupée du bonheur de la fociété; on doit à fes foins, à fa vigilance, à fes lumieres, la fécurité, la paix, le bonheur dont on jouit; elle remplit par rapport à chaque Citoyen, toutes les fonctions des peres & des meres les plus tendres : fes foins pour l'homme précédent la naiffance & s'étendent au-delà de la vie. Ainfi l'homme doit refpecter & chérir cette puiffance comme un fils réconnoiffant & bien né chérit le meilleur pere & le plus vertueux.

Quelle que foit la forme du gouvernement, voilà la conftitution effentielle de chaque fociété, voilà l'objet, la deftination & la loi de la puiffance qui gouverne; & il n'eft point d'homme qui en réfléchiffant, ne voie dans la fociété où il vît, cette puiffance veiller par-tout, à la fureté & au bonheur des particuliers, défendant le foible, vengeant l'opprimé, maintenant chacun dans la poffeffion de fes droits & de fes priviléges. Il n'eft donc point d'homme qui n'envifage la puiffance qui gouverne la fociété dans laquelle il vit, comme une mere, comme le pere de tous les fujets.

C'eft cette puiffance qui fait la patrie; ce font les loix qui font cette puiffance. Par-tout où les loix ont pour objet le bonheur,

la paix , la fureté des Citoyens, il
y a une patrie. Comme c'eſt par
les loix que chaque Citoyen jouit
de ſes droits & de tous ſes avantages, on conçoit la réunion de
ces loix comme une puiſſance in-
viſible qui veille ſur tous les lieux
de la république & qui y eſt attachée. Ce ſont ces idées qui nous
font regarder comme notre patrie, l'état dont nous ſommes Citoyens, les lieux où nous ſommes
nés , où notre enfance a été pro-
tégée , où l'on traite comme des
ennemis quiconque attaque nos
biens, notre perſonne, notre vie.

Tout ce qui attaque la puiſſante , la gloire de l'état dont nous
ſommes Citoyens, attaque donc
notre exiſtence & notre bonheur.
Voilà l'origine de l'attachement,
de l'amour, du dévouement pour
la patrie, chez tous les peuples,
dans toutes les nations , de quelque maniere que cette puiſſance

agisse, quelle que soit la forme du gouvernement.

Jamais l'amour de la patrie ne s'éteint dans le cœur du Citoyen. Les malheurs que des temps difficiles, des causes étrangeres, ou l'imprudence des administrateurs de la puissance souveraine attirent sur la patrie, touchent vivement le Citoyen, l'homme vertueux; & chez toutes les nations, le Citoyen indifférent sur les malheurs de la patrie, le séditieux qui la trouble, le perfide qui la trahit, sont des fils dénaturés & des monstres.

Combien donc est superficielle, fausse & inhumaine la politique qui veut que la crainte & la misere soient le motif de la soumission des sujets, & le fondement de l'autorité des souverains.

Les partisans de cette politique barbare prétendent que l'homme est incapable de subordination : 1°. parce qu'il a un amour essentiel pour l'indépendance & pour la domination, qui ne peut être réprimé que par la crainte : 2°. Parce que l'homme voit naturellement dans un supérieur un ennemi, & qu'il est jaloux des avantages & du bonheur des autres. 3°. Enfin, parce que l'homme étant naturellement & essentiellement vain, il lui faut des hommages, des respects, & des louanges, des esclaves pour satisfaire son orgueil & sa vanité.

Tâchons de dissiper des erreurs plus funestes au bonheur des sociétés, que les incursions des peuples barbares & féroces.

ARTICLE PREMIER.

L'homme n'a point naturellement pour l'indépendance & pour la domination , un amour qui le rende incapable de la subordination nécessaire au bonheur & à la paix de la société.

L'HOMME, dit-on, veut nécessairement être heureux, & il ne peut l'être qu'en satisfaisant tous ses desirs, & en se procurant une infinité de plaisirs. Or, il n'y a point de subordination, point de dépendance qui ne donne des bornes aux desirs & aux plaisirs de l'homme ; ainsi toute dépendance , toute subordination est un état violent, un état contre nature , dans lequel l'homme ne peut être fixé que par la crainte & par la force : il fait sans cesse effort pour en fortir, & il en fort auffitôt qu'il le peut impunément. L'homme en fociété, eft un efclave qui travaille fans ceffe à ufer fes chaînes.

Il ne lui fuffit pas d'être libre, il ne peut fe procurer feul tous les plaifirs qu'il defire pour être heureux, il a befoin du fecours des autres hommes. Il fait donc fans ceffe effort pour fe les affujettir & pour les obliger à fervir fes defirs. Il tend donc fans ceffe à s'acquérir fur eux un empire abfolu. Ainfi dans toutes les fociétés, de proche en proche, tout eft en effort pour fe fouftraire à l'autorité des loix, ou pour acquérir du pouvoir.

L'hiftoire de l'humanité entiere, ne nous offre que les effets de cet amour de l'indépendance & de la domination. Remontez dans les fiécles paffés, parcourez toute la terre, vous verrez cet amour,

former, altérer, anéantir, reproduire tous les empires, toutes les
sociétés : examinez-les toutes,
vous n'en verrez aucune qui ne
soit dans un état continuel de
changement, aucune dans laquelle l'amour de l'indépendance
& de la domination ne travaille
pour abaisser ce qui est élevé, &
pour élever ce qui est dans l'abaissement & dans la soumission.

Tels sont les principes de Hobbes, de Spinosa, de Mandeville
sur l'amour de l'homme, pour
l'indépendance & pour la domination. Voyons s'ils sont aussi cer-
tains qu'on le prétend.

L'amour du bonheur est le principe de toutes les actions de l'homme. Si, pour être heureux, il faut
qu'il soit indépendant & que tout
lui soit soumis, il tend nécessairement à l'indépendance & à la domination ; mais s'il peut être heureux sans une indépendance ab-

folue , & fans que tout lui foit
foumis , il n'a point pour l'indépendance & pour la domination
un amour qui le porte à fe fouftraire aux loix de la fociété, à
troubler l'ordre public, pour étendre fans cefle fa puiffance & fon
autorité.

Pour que l'homme foit heureux, 1°. il faut que fes befoins
phyfiques foient fatisfaits, & qu'il
foit fûr qu'il ne manquera pas des
chofes néceffaires pour fa fubfiftance. 2°. Lorfque tous fes befoins
primitifs font fatisfaits, l'amour
du bonheur agit encore fur le
cœur de l'homme, il faut qu'il
foit ému, intéreffé, qu'il éprouve
des fentiments qui lui rendent
l'exiftence agréable, enforte que
ce foit un bien pour lui que
d'être.

Voyons ce que la fociété fait
pour procurer à l'homme ces avantages, & fi elle le prive des cho-

ses néceffaires à son exiftence, &
à son bonheur.

Dans l'état de société, si le
champ du Citoyen n'a pas été
fécond, il n'eft pas obligé de quitter sa patrie, de s'armer, de faire
la guerre pour subfifter ; la société pourvoit à tous ses befoins, elle
s'arme contre l'étranger qui voudroit envahir ses poffeffions ou les
piller, & contre le Citoyen injufte & avide qui veut l'opprimer ;
elle veille sur ses traités, sur ses
contrats, sur ses promeffes, sur
tous ses engagements, afin qu'il
ne soit ni féduit, ni fruftré ; elle
eft le garant, la caution de tout
ce qu'on lui promet ; elle pour-
suit & punit comme un ennemi
quiconque attaque sa vie, son
répos, son honneur, ou qui trouble son loisir & ses amusements.

Aucun état ne fournit à l'homme
les moyens de s'éclairer & d'inf-
truire, comme l'état de société.

C'eſt dans la ſociété que ſe développent la bienfaiſance, la reconnoiſſance, l'amitié, le deſir
de l'eſtime, en un mot toutes les
vertus ſociales; elle ouvre à l'homme une ſource intariſſable de plaiſirs, elle fait naître dans ſon cœur
une ſucceſſion non interrompue
de ſentiments qui lui rendent
agréables tous les momens de ſon
exiſtence, qui rempliſſent le deſir immenſe du bonheur dont il
eſt animé.

Elle défend, il eſt vrai, à l'homme d'être malfaiſant, injuſte, oppreſſeur; mais nous avons vu que
pour être heureux, l'homme n'a
pas beſoin de nuire aux autres,
& qu'il ne peut être malfaiſant
ſans être malheureux.

Ainſi la ſubordination dans la
ſociété, n'ôte à l'homme rien de
ce que la Nature a rendu néceſſaire à ſon bonheur; elle ne lui in-
terdit que ce qui le rend malheu-

reux, & ce que la Nature lui de-
fend : enfin elle lui procure tout
ce qui peut le rendre heureux ;
elle lui en affure la jouiffance : fes
befoins, fes inclinations naturelles le portent donc à fe foumettre aux loix de la fociété, & aucun befoin, aucune inclination
naturelle ne le porte à s'y fouftraire.

L'indépendance abfolue & la
domination, ne font pas, fi je
peux parler ainfi, des parties effentielles du bonheur de l'homme.
Ce n'eft point pour elle-même que
l'homme fouhaite l'indépendance ; c'eft comme moyen de s'affû-
rer la jouiffance des biens néceffaires à fon bonheur ; or l'homme
jouit de cette affûrance, il a cette certitude dans la fociété, bien
plus que dans l'état d'indépendance abfolue, puifque dans l'état
civil, tous les membres de la fociété concourent pour lui procu-

ter ces biens, & que dans l'état
d'indépendance il est privé du secours des autres hommes, & exposé à être dépouillé des biens
nécessaires à son bonheur ; ainsi,
l'amour du bonheur porte l'homme à s'unir à ses semblables, &
à ne se réserver dans la société,
que l'indépendance qu'elle accorde, & qui suffit toujours au bonheur de l'homme. L'état civil n'est
donc pas un état violent, les loix
ne sont pas des chaînes que le
Citoyen cherché à rompre ; ce
sont des protectrices, des sauve-
gardes qui veillent à la sureté,
elles ne lui ôtent que le pouvoir
de se rendre malheureux en deve-
nant malfaisant, ou en cherchant
le bonheur dans les objets auxquels la Nature ne l'a point attaché ; elles ne gênent ni l'homme
sage, ni l'homme éclairé, elles
guident l'ignorant & contiennent
l'homme imprudent ou passionné

qui court à sa perte; elles ne portent pas plus d'atteinte à la liberté naturelle de l'homme que les balises qui montrent les écueils, ou les barrieres dont on enferme les précipices ou les lieux dangereux.

L'amour de l'indépendance qui veut se souftraire à la puiſſance des loix, n'exiſte donc que dans le méchant, & dans l'homme paſſionné, dans le furieux, dans l'ignorant, dans le ſtupide. On ne peut donc la regarder comme une inclination naturelle, comme un penchant invincible, comme vice eſſentiel à la Nature humaine.

Il en eſt de l'amour de la domination, comme de l'amour de l'indépendance. L'homme peut ſans dominer ſur les autres, ſe procurer tout ce qui eſt néceſſaire à ſon bonheur; ainſi le deſir de la domination n'a pas ſon ori-

gine dans un befoin effentiel à
l'homme ; il n'y eft pas porté par
un penchant naturel & invincible, qui le tienne toujours en effort & en action pour tout foumettre.

Ces idées puifées dans la nature
de l'homme , font juftifiées par
l'expérience.

Nous voyons des peuples foumis fans crainte à leurs loix , à
leurs fouverains ; des fouverains
qui abdiquent ou qui donnent des
bornes à leur autorité ; des particuliers qui refufent de monter fur
le thrône.

» Les Chinois, fous les premie-
» res Dynafties, dit un de leurs
» Sages, ne s'écartoient jamais de
» l'obéiffance & du devoir, pour
» quelque danger ou pour quel-
» que intérêt que ce fût. Ces peu-
» ples, dis-je , étoient-ils toujours
» animés par quelque récompenfe
» ou par quelque punition préfen-

»te? non, mais leur cœur étoit
» établi dans le bien & dans l'a-
» mour de la justice; ils ne se pou-
» voient résoudre à rien qui y fût
» clairement contraire. Le froid,
» la faim, les ignominies, la mort,
» rien ne pouvoit leur faire oublier
» ce qu'ils devoient à leur Prince.
» Voilà pourquoi nos Dynasties
» ont duré si long-temps. (1)

 Ces mêmes Chinois, ont eu des
raisons & des motifs de changer
leur gouvernement; ils ont pu
plusieurs fois le changer, il leur
a été facile de donner des bornes
à la puissance de leurs Empereurs,
& cependant ils n'y ont jamais
porté la moindre atteinte.

 Sparte, pendant plus de six
siécles, fut heureuse & paisible, par
l'observation des loix; rien de ce
qu'elles défendoient n'étoit agréa-

_____

(1). Du Halde, descrip. de la Chine t. 2.
p. 405.

ble , rien de ce qu'elles comman-
doient n'étoit pénible & rébutant:
la satisfaction attachée à l'observation de la loi , se joignoit toujours
à l'idée de ce qu'elle prescrivoit:
le sentiment de la honte , du dé-
plaisir & de l'aversion , étoit in-
séparable de la chose qu'elle dé-
fendoit , ensorte que l'observation de la loi étoit pour tous les
Citoyens une source de plaisir ,
un sujet continuel de satisfaction,
un bonheur habituel. Le Spar-
tiate étoit heureux par le sentiment habituel de sa conformité à
la loi.

On trouve cette soumission aux
loix , chez tous les peuples dans
leur origine.

L'histoire de la Chine offre des
exemples fréquents de souverains
qui abdiquent ; on en trouve chez
les Grecs.

Pittacus , reçut à Mytiléne de
grands honneurs , pour les servi-

ces qu'il rendit à sa patrie , & les
Mytiléniens l'éleverent enfin à la
suprême puissance. Il en jouit dix
ans, & ne l'employa qu'à déraci-
ner les vices contraires à la paix
& au bonheur des Mityléniens.
Lorsqu'il eût établi la chose publique dans l'ordre qu'il crût le plus
propre à y rendre la paix constan-
te, il abdiqua l'autorité souveraine, redevint particulier, & ne se
réserva qu'une très-petite portion
du territoire, que les Mityléniens
lui avoient donné. (1)

Si Théopompe n'abdiqua pas
la souveraineté, il eut le courage
peut-être aussi noble, de mettre
des bornes à sa puissance, en éta-
blissant à Sparte des Inspecteurs
pour les Rois mêmes. (2)

Lorsque Xercès offrit à Léonidas de le faire Monarque de tou-

_____

(1) Diod. Fragm. trad. de Terrasson, *t. i.*
p. 372.
(2) Plutar. vie de Lycurgue.

te la Gréce, s'il vouloit embraſſer
ſon parti, Léonidas lui répondit :
»ſi tu connoiſſois en quoi conſiſ-
»te le bien de la vie humaine, tu
»ne convoiterois pas ce qui eſt à
»autrui ; mais, quant à moi, j'aime
»mieux mourir pour le ſalut de
» ma patrie que de commander à
»toute la Gréce. (1)

Il peut donc y avoir un ſentiment plus puiſſant ſur le cœur de
l'homme, que l'amour de la domination : telle eſt la ſoumiſſion
aux loix & à la crainte d'uſurper
un pouvoir injuſte & nuiſible.
L'homme peut même préférer la
mort à une puiſſance injuſtement
acquiſe.

Lorſque Scipion dépouilla Antiochus d'une partie de ſes Etats,
& réduiſit ſon Royaume aux poſſeſſions qu'il avoit au-delà du
mont Taurus ; ce Prince remer-

_____

(1) Plutarq. dits. not. des Laced.

cia fincerement les Romains, parce qu'en lui ôtant une partie de fes Etats, ils l'avoient déchargé d'un fardeau trop pefant, & qu'ils avoient réduit fon Royaume à une étendue de pays qu'il pouvoit gouverner. (1)

Il y a donc un fentiment d'humanité plus puiffant fur le cœur de l'homme, que l'amour de la domination, & l'homme peut aimer le bonheur des autres plus que fa propre puiffance.

Alexandre vainqueur de Tyr, offrit la royauté à un Citoyen refpectable & aimé, le plus riche & le plus confidérable de Tyr. Mais ce Citoyen qui n'avoit aucune liaifon de parenté avec ceux qui, jufques-là avoient occupé le thrône, refufa d'y monter, quelqu'inftance que lui fît Epheftion;

_____

(1) Tite. Liv. *l.* 37. Juftin, *l.* 31. Val. Max. *l.* 4. c. 7.

preſſé de nommer quelqu'un de la famille Royale, pour, qu'au-moins le Roi de Tyr lui dût ſa Couronne; il indiqua un homme plein de ſageſſe & de bonté, mais extrêmement pauvre, lui porta les habits Royaux, l'amena à Tyr & le proclama Roi. (1)

Il y a donc dans le cœur de l'homme, un ſentiment de modé-ration & d'équité, plus puiſſant que l'amour de la domination.

»Lorſqu'*Y-a-o* premier Empe-»reur de la Chine, voulut ſe don-»ner un ſucceſſeur, il fit venir un »de ſes Miniſtres, en qui il avoit »plus de confiance, par l'eſtime »qu'il faiſoit de ſa prudence & de »ſa probité, & voulut dépoſer en-»tre ſes mains ſa Couronne. Ce »ſage Miniſtre s'excuſa de rece-»voir cet honneur, ſur ce que le »fardeau étoit trop peſant pour

_____

(1) Diod. *l.* 17.

»des épaules auſſi foibles que les
»ſiennes ; & en même-temps il lui
»propoſa un Laboureur nommé
»*Chun*, que la vertu, la probité,
»la patience dans les plus rudes
»épreuves, la confiance qu'il s'at-
»tiroit de tous les gens de bien,
»& une infinité d'autres excellen-
»tes qualités qui le rendoient di-
»gne du thône.

»*Y-a-o* le fit venir pour éprou-
»ver ſes talents, il lui confia le
»gouvernement d'une Province.
»Chun ſe fit une ſi grande répu-
»tation de ſageſſe, de prudence,
»de modération & d'équité, qu'au
»boût de trois ans *Y-a-o* l'aſſocia
»à l'Empire, & lui donna ſes deux
»filles en mariage. (1)

»Chun tranſporta la Coûronne
ſur la tête d'*Y-a*, & les enfants de
Chun furent ſoumis à *Y-a*, comme ils l'auroient été à leur pere.

_____

(1) Du Halde, t. 1. p. 305.

Chun

Chun ne s'étoit déterminé à ce
choix, que sur l'idée qu'il s'étoit
formée de la capacité & du mérite d'*Y-a*, il vécut dix-sept ans depuis qu'il l'eût associé à l'Empire;
& l'union fut si grande entre ces
deux Princes, qu'il ne parut jamais que l'autorité fût parta-
gée. (1)

Il peut donc y avoir un amour
du bien public, supérieur à l'a-
mour de la domination, puisqu'il
y a des souverains qui aiment
mieux partager l'autorité suprême
que d'en jouir seuls, au préjudice du bien public.

Il y a un sentiment de probité,
de modestie & de justice plus fort
que l'amour de l'indépendance;
puisqu'il y a des hommes qui aiment mieux rester sujets, que de
commander, & qui pouvant acquérir l'autorité, la font passer à

_____

(1) *Ibid.*

des hommes qu'ils jugent plus
éclairés, plus fages & plus capables de gouverner.

Tandis que Léonidas réfiftoit à
Xerxès, & combattoit toutes fes
forces au paffage des Thermopy-
les, Gelon de Syracufe anéantit
à Himére cette formidable armée
que les Carthaginois avoient en-
voyée en Sicile, & qui devoit con-
courir avec Xerxès pour donner
des fers à tous les Grecs. Lorfqu'il
apprit la défaite de Xerxès à Sala-
mine, il accorda la paix aux Carthaginois, & licencia toutes fes troupes, renvoya les alliés & plaça
les étrangers dans des lieux éloi-
gés de Syracufe : n'ayant plus alors
de troupes, ni dans Syracufe, ni
aux environs, il convoqua une
affemblée générale de tous les
habitants de Syracufe, leur or-
donnant de s'y rendre armés. Lorfqu'ils furent tous arrivés, Gelon
entra dans l'affemblée, mais fans

armes & fans gardes; enfuite adref-
fant la parole aux Syracufains, il
leur rendit compte de toute fa
conduite ; dit l'emploi des fommes qu'ils lui avoient confiées, &
l'ufage qu'il avoit fait de fon autorité ; il ajouta qu'il n'avoit eu
en vue que le bien public ; que fi
néanmoins il lui étoit arrivé d'a-
voir commis quelque faute, il ne
tenoit qu'à eux de l'en punir, puifqu'il n'avoit ni armes, ni gardes ;
ni aucun moyen de fe défendre
contre eux qui étoient armés ;
perfonne ne fit aucun reproche à
Gelon , & il fut unanimement
nommé le Bienfaiteur, le Sauveur
& le Roi par toute l'affemblée. (1)

Il y a donc dans le cœur de
l'homme, un fentiment de vertu
qui lui fait regarder comme un
crime l'abus qu'il fait de fa puiffance , qui le porte à s'en dépouil-

_____

(1) Diod. *l.* 11.

ler, si ceux qui la lui ont confiée
jugent qu'il en abuse. Il y a dans
tous les hommes un sentiment naturel de respect, de reconnoissance, d'amour & de soumission pour
tous les hommes éclairés, sages
vertueux.

Nous avons prouvé que l'indépendance & la domination ne
font point nécessaires pour satisfaire les besoins & les inclinations
que l'homme reçoit de la Nature.
Nous avons vu que la subordination n'impose aucune obligation
qui le prive des choses nécessaires
à son bonheur ; ainsi l'amour de
l'indépendance & de la domination, ou la haine de la subordination, ne peuvent devenir des
passions que dans ceux qui ont
des besoins & des inclinations qui
ne viennent point de la Nature.
Cet amour effréné de l'indépendance & de la domination qui ne
peut souffrir ni loix, ni supérieurs,

ni réfiftance, eft donc un vice
étranger à la nature humaine.

Les principes des vertus fociales, l'humanité, la juftice, l'honneur, l'équité font des fentiments
affez puiffants pour retenir l'homme dans la foumiffion aux loix,
& pour lui rendre odieufe toute
puiffance acquife injuftement, ou
préjudiciable au bonheur des autres ; l'amour de l'indépendance
& de la domination, n'eft donc
effréné que dans les hommes qui
ont étouffé dans leur cœur les fentiments de probité, d'honneur &
de vertu.

Les hommes, pour qui la fubordination eft un joug infupporta-
ble, font des vicieux ou des coupables qui craignent les loix : ce
font des hommes diffipés, vains,
orgueilleux, frivoles, auxquels la
fubordination prefcrit des devoirs
qui les gênent, ou dont leur orgueil s'offenfe, ces hommes ne

font pas dans leur état naturel ; il ne faut point imputer à tous les hommes leurs passions, leurs vices & les croire inséparables de la nature humaine.

Les hommes qui se sont rendus célébres par leur ambition, ont presque toujours été des débauchés, que leur luxe énorme & le désordre de leur fortune ont portés à troubler les états, comme Catilina, des caractéres vains & lâches comme Theophane, des particuliers sans projet, & que le hazard & les circonstances ont élevés au pouvoir suprême, comme Cromwel, des guerriers passionnés pour la célébrité, comme Charles XII, des ames timides & foibles, comme Louis XI & Jacques I. qui, pour être en sûreté, avoient besoin de tenir dans l'inquiétude & dans la crainte, tous ceux qui pouvoient leur faire du mal, & qui ne pouvoient être

calmes & en sûreté qu'en croyant
qu'ils avoient un pouvoir sans bornes.

C'est ordinairement chez les
peuples livrés au luxe, que l'a-
mour de la domination & de l'indépendance s'exalte, & devient
entreprenant. Presque tous les
tyrans ont été des débauchés, des
voluptueux, des avares qui avoient
un besoin extrême d'argent, &
pour lesquels la domination étoit
un moyen d'en avoir. Telle est
l'origine qu'Aristote donne aux
tyrannies, & c'est un fait qui ne
peut être contesté que par ceux
à qui l'histoire seroit absolument
étrangere. (1)

Depuis Lycurgue qui bannit le
luxe & l'argent de Sparte, jusqu'à
Lysandre, dont les artifices &
l'ambition introduisirent de nouveau le luxe & les richesses, on

_____

(1) Arist. Polit. l. 5. c. 10.

C 4

ne vit point parmi les Lacédemoniens cet amour de la domination, rien entreprendre contre le
gouvernement.

Le Scythes, les Gaulois, les
Germains avoient des Rois qui
n'ont point été des tyrans : on n'a
point vu parmi les Scythes, des
guerres entreprises pour resserrer
ou pour étendre la puissance de
leurs Rois, & l'on en trouve rare-
ment des exemples chez les Germains & chez les Gaulois.

Lorsqu'on ne jette sur l'histoire
qu'un coup d'œil superficiel, on
voit dans les états & dans les
gouvernements, des révolutions,
des séditions, des conjurations,
des guerres civiles, des Monarchies changées en républiques ou
en tyrannies, des républiques sub-
juguées par des tyrans & par des
despotes. Comme la puissance est
l'objet de tous ces mouvements,
on croit que l'ambition & la haine

de toute subordination en sont les principes ; mais c'est une erreur.

Aristote attribue toutes les ré-volutions, toutes les guerres civiles à l'orgueil outrageant des ma-gistrats, à leur avarice, à l'injuste distribution des récompenses & des honneurs, au pouvoir exces-sif des souverains, au mépris du peuple pour les magistrats, à l'ex-cessive élévation d'un ordre de l'état sur les autres. (1)

Lorsqu'on remonte aux causes des révolutions, des séditions, &c. que nous offre l'histoire, on les trouve en effet toutes produites par quelqu'une de ces causes, comme ce Philosophe le prouve par l'histoire des temps qui l'ont précédé : quant aux temps qui l'ont suivi, nous nous conten-terons d'en rapporter quelques exemples.

_____

(1) *Ibid. c. 3.*

Ce fut l'orgueil des Tarquins, les outrages qu'ils firent aux Romains, qui anéantirent la royauté à Rome ; ce fut l'outrage que reçut Appius Claudius qui anéantit le pouvoir des Decemvirs ; ce fut pour se venger de l'insulte que lui avoit faite l'Impératrice Sophie que Narsés attire les Lombards en Italie.

Combien l'excès des Impôts, l'avarice des Satrapes, des Gouverneurs, des Questeurs, leur dureté, leur insolence n'ont-elles pas armé de peuples & causé de révoltes dans tous les états ? le peuple paie sans murmure tout ce qu'il peut payer, mais il est un excès qui le révolte, sans qu'on puisse pour cela le regarder comme naturellement séditieux. Il est privé du nécessaire, & il voit dans tous ses supérieurs, dans les questeurs, dans tout ce qui exerce quelqu'autorité, un luxe énorme,

il est méprisé, insulté, outragé par
tous ses supérieurs, par tout ce
qui est riche ; faut-il donc un penchant inné à la révolte pour regarder tous ces hommes comme
des ennemis ? Quand dans ces états
le peuple seroit aussi stupide qu'on
le suppose mal à propos, peut-il
s'empêcher de voir que les besoins de l'état qui sont toujours le
motif des Impôts ne sont en effet
que les besoins de ces hommes ;
le besoin qu'ils ont d'argent pour
entretenir leur luxe ou pour assou-
vir leur avarice. C'est ainsi que les
Frisons se soulevèrent contre les
Romains, bien plus pour se soustraire à l'avarice, que par aversion pour la subordination. Ils
avoient payé sans répugnance les
tributs sous Drusus ; mais sous
le gouvernement du Centurion
Alennius, homme avide, sans
humanité, sans esprit, ils se trou-
vèrent hors d'état de payer le tri-

but qu'il leur imposa; ils vendirent leurs troupeaux, leurs champs, ils engagerent leur liberté; enfin ils se révolterent, pendirent les soldats préposés au recouvrement des impôts & auroient mis en pieces l'affreux & indigne Centurion, s'il n'eût pris la fuite. (1)

Ce furent les vexations & l'avidité de Sabinus Intendant de Judée, qui causerent cette révolte dans laquelle tant de Juifs périrent. (2)

Combien les Suisses n'endurerent-ils pas de vexations & d'horreurs de la part des Gouverneurs & des Nobles, avant de former un corps indépendant. Depuis leur union, ils sont une puissance formidable en   fans avoir
                                              fans avoir
des circonstances favora-

_____

(1) Tacit. annal. l. 4. c. 72.
(2) Joseph. antiquit. l. 17. c. 52.

bles pour étendre leur domination.

Lorsque Philippe le Bel se fut emparé de la Flandre, les Flamands se soumirent à lui : mais l'orgueil du Commandant qu'il établit, fut si outrageant, ses vexations furent si excessives, & ses injustices si criantes, que plusieurs villes considérables se souleverent, massacrerent les garnisons françoises, & obtinrent le rétablissement de leur Duc ; le Duc rétabli voulut les tyranniser, & ils se révolterent. Dans cette double révolte les ennemis de la subordination ne sont-ils pas le Satrape, le Gouverneur insolent & avide, le Duc fou & orgueilleux ?

Ce fut la rigueur des impôts, l'inquisition, l'orgueil & la dureté du Duc d'Albe qui enleverent à l'Espagne les Provinces-unies.

Les impôts ont souvent causé des séditions en France, & sans

vouloir les juftifier, on peut dire
qu'aucune n'a pour principe la
haine de la fubordination.

Enfin, fouvent le mépris que
le Souverain infpire au peuple, a
caufé la défobéiffance : car l'homme qui fe foumet fans répugnance à un fupérieur, & qui le ref-
pecte, lui défobéit & le brave s'il
s'avilit ; parce que la foumiffion
que la fociété prefcrit, eft bien
plus une foumiffion infpirée par le
refpect, & par la confiance qu'une
obéiffance produite par la crainte & par la terreur. Pour prouver
par les féditions & par les guerres
civiles, que l'homme eft incapable de fubordination, il faudroit
faire voir que ces féditions, ces
guerres civiles, ces révoltes ont
eu pour objet des Magiftrats, ou
des Souverains qui n'employoient
leur autorité que pour le bonheur
de la fociété, qu'elles ont été cau-
fées par des peuples au premier

abus que le Souverain ou le Magiſtrat a fait de ſon pouvoir, à la
première vexation exercée en ſon
nom, avant de s'être plaint, d'a-
voir inſtruit le Souverain & le
Magiſtrat des rigueurs qu'on exer-
çoit ſur eux, des maux qu'ils en-
duroient, il faudroit faire voir des
peuples heureux, & rebelles à
l'autorité ou à la puiſſance qui les
rend heureux. Si les hommes ſont
eſſentiellement ennemis de la ſubordination, pourquoi le peuple
de Syracuſe armé a-t-il proclamé
avec des tranſports d'amour & de
joie Gelon déſarmé, le père de la
patrie & ſon Souverain? Pourquoi
le peuple a-t-il ſurnommé Louis XV
le bien-aimé; car ce ſur-nom eſt
l'expreſſion de l'amour du peuple, & non pas un titre donné par
l'adulation. Le Courtiſan exalte
la grandeur du Souverain; mais le
peuple publie ſa bonté : le Courtiſan s'humilie devant ſa puiſſan-

ce, & le peuple aime sa personne.

On ne connoît donc ni la nature humaine, ni l'histoire, lorsqu'on dit, que l'homme a pour la
domination un amour qui le rend
incapable de subordination. Si
cette doctrine a des partisans, que
ce ne soit point en France, mais
chez les despotes & chez les tyrans, que ces partisans ne soient
ni des Philosophes, ni des Citoyens, mais les ministres de la
tyrannie ; qu'on aille avec ces
principes calmer les remords du
despote inhumain, mais qu'on se
garde bien de s'en servir pour
autoriser l'oppression dans une
nation que l'amour soumet à ses
Souverains.

ARTICLE II.

L'envie qui rend l'homme ennemi de son supérieur, n'est point un vice naturel & essentiel à l'homme.

L'HOMME par sa constitution organique, prend tous les sentiments qu'il apperçoit dans les autres hommes ; il est transporté de colere, ou pénétré de douleur à la vue d'un furieux, ou d'un malheureux. Cette communication de sentiments & d'affections, est le principe de l'humanité, de la bienveillance naturelle. Ainsi, comme la présence d'un malheureux fait naître dans l'ame de l'homme qu'il voit, un sentiment de douleur, la vue d'un homme qui est heureux par la possession de quelqu'objet, produit dans

ceux qui le voient l'amour de cet
objet, le defir de le poffèder, &
des efforts pour s'en emparer ; fi
cet objet ne peut fe communiquer
ou fe partager. Ainfi, le même
principe, la même organifation
qui rend l'homme compatiffant,
le rend envieux, & ennemi de
celui qui eft heureux ; il fera pour
ôter à cet homme l'objet de fon
bonheur, plus d'efforts qu'il n'en
fera pour foulager le malheureux
dont la préfence l'incommode en
le faifant participer à fa mifere.

Suivez l'homme, depuis fa naiffance, jufqu'au tombeau ; vous le
verrez animé & conduit par cette
paffion. L'enfant prend toutes les
affections de ceux avec lefquels il
vit, il imite toutes leurs attitudes, il
fait tous les mouvements qu'ils
font, il defire tout ce qu'il voit,
& veut avoir tout ce qui lui paroît faire plaifir à ceux qui le pof-
fedent : il emploie toutes fes for-

ces, toute son adresse, toutes ses
ressources pour l'obtenir. L'âge ne
fait que développer cette passion
& augmenter son activité, elle ne
finit qu'avec la vie.

Tel est le sentiment de Spinosa
sur l'envie, qui est en effet contraire à la sociabilité, mais qui
n'est, ni essentielle à l'homme ni
une suite de son organisation.

Il est vrai, que par son organisation l'homme est imitateur, &
qu'il aime tous les objets qu'il croit
contribuer au bonheur des autres,
sur-tout s'il n'est pas heureux :
mais le jugement qu'il porte sur
ces objets, ne le détermine point
nécessairement à les rechercher,
& à tâcher d'en dépouiller ceux
qui les possédent. Pour être déterminé nécessairement à rechercher
un objet, & à le ravir à celui dont
il fait le bonheur, il ne suffit pas
de juger qu'il est bon, il faut juger qu'il est nécessaire à notre bon-

heur : car n'étant déterminés à
la recherche des objets, que par
l'amour du bonheur, la force &
le degré de nos déterminations
vers un objet, dépendent du rapport que nous voyons entre cet
objet & notre bonheur ; & par
conséquent nous ne sommes déterminés nécessairement à le rechercher qu'autant que nous le
jugeons nécessaire à notre bonheur. Or, nous ne voyons pas que
tous les objets qui contribuent au
bonheur des autres soient nécessaires à notre propre bonheur.

Nous avons vu que la Nature
accorde à tous les hommes ce qui
est nécessaire pour satisfaire leurs
besoins & leurs inclinations naturelles, & par conséquent tout ce
qui est nécessaire pour qu'ils soient
contents de leur existence : ils peuvent donc en effet, regarder comme inutile, ou comme n'étant
pas nécessaire à leur bonheur, un

objet qu'ils ne poſſédent pas, quoiqu'ils voient qu'il procure du plaiſir à celui qui le poſſéde. L'homme qui ne va point au-dela des
beſoins que donne la Nature &
qui cherche ſon bonheur dans les
inclinations qu'elle inſpire, peut
au milieu du luxe & des richeſſes,
dire : combien voila de choſes
dont je n'ai pas beſoin ? .

. Ce n'eſt point par un principe
d'envie, que l'enfant deſire tout
ce qu'il voit. Preſſé comme tous
les hommes par le deſir du bonheur, & n'ayant point d'expérience perſonnelle ſur les objets propres à lui procurer le bonheur
qu'il deſire, il juge qu'il eſt dans
les objets qu'il voit rechercher par
les autres hommes: cette diſpoſi-
tion organique, ce penchant que
la Nature donne à l'enfant pour
deſirer ou pour aimer ce qu'il
voit que les autres aiment, eſt
un principe de ſociabilité qui leur

fait prendre les goûts & les mœurs des autres hommes, & qui les plie à toutes leurs habitudes par inftinct, & presque machinalement. C'eft peut-être cette difpofition à imiter, qui leur imprime ce que l'on nomme le caraĉtere national de fi bonne heure, & fi généralement, qu'on le regarde comme une qualité donnée par la nature, & en quelque forte attachée aux climats.

En profitant de cette difpofition, les peres & les meres peuvent à leur gré former les mœurs de leurs enfants, & leur donner un caraĉtere qui ne leur permette pas de chercher le bonheur dans d'autres objets que dans la pratique des vertus fociales. La difpofition que l'enfant a pour imiter tout ce qu'il voit faire, lui fait même prendre ce caraĉtere fans l'inftruĉtion des peres & des meres. Cette difpofition organique des enfants à aimer, à défirer tout

ce qu'ils croient contribuer au
bonheur des autres, n'est donc
pas un sentiment d'envie qui le
fasse souffrir lorsqu'il voit les autres heureux, & qui le porte à les
priver de l'objet qui fait leur bonheur.

Si au lieu de profiter de cette
disposition naturelle pour porter
l'enfant à rechercher le bonheur
dans la pratique des vertus sociales, on ne cherche à le rendre
heureux qu'en lui offrant des objets sensibles & nouveaux ; il n'acquiert aucun principe sur la morale, & sur le bonheur destiné à
l'homme ; il reste en effet dans
l'état de l'enfance par rapport à
tous les objets dont il voit les autres hommes en possession ; il les
desire, il est malheureux s'il ne les
obtient pas ; il regarde celui qui
les possède, comme la cause du
malheur qu'il éprouve, il le hait,
il est son ennemi, comme l'hom-

me preſſé par la faim extrême eſt ennemi de l'homme qui lui refuſe du pain.

Tels ſont ordinairement les hommes des nations frivoles, livrées au luxe, à l'amour des richeſſes, à la paſſion du crédit.

Les hommes frivoles n'acquiérent point ordinairement de principes ſur le bonheur que la Nature deſtine à l'homme, ils le cherchent dans les objets, dans leſquels ils le cherchoient dans l'enfance.

Pendant l'enfance, la nourrice les amuſoit par ſon chant, par ſes geſtes, avec un hochet, avec une fleur, avec une image, avec mille babioles. L'éducation qu'ils reçoivent lorſqu'ils ſont ſortis des bras de la nourrice, leur apprend-elle à chercher le bonheur dans d'autres objets? la muſique, la danſe, le deſſein, la peinture ſont les objets eſſentiels de leur éducation.

N'eſt-ce

N'eſt-ce pas dans les objets du luxe, dans les équipages, dans les tableaux, dans les concerts, dans les ſpectacles comiques, dans la poſſeſſion d'un bijoux, d'un habit de goût, qu'on leur dit que conſiſte le bonheur.

Ces hommes ne ſortent donc point de l'état de l'enfance ; tous les objets dans leſquels ils cherchent le bonheur, coûtent plus cher que les hochets & les babioles par leſquelles on les amuſoit pendant leur enfance ; mais ce ſont en effet des hochets & des babioles de la même eſpece. Ils ne different donc de l'enfant que par la taille, & par la dépenſe qu'ils font ; mais·leur ame, leurs inclinations, leurs beſoins ſont les mêmes ; ils ſont envieux comme les enfants, parce que, comme les enfants, ils ont beſoin d'être heureux, & que pour ſatisfaire ce beſoin, ils n'ont, comme les enfants,

que des objets qui font fur eux ;
des impreſſions nouvelles. Tout
ce qui fait fur eux une impreſſion
agréable & nouvelle, leur paroît
néceſſaire à leur bonheur, ils font
malheureux s'ils ne peuvent fe le
procurer; ils defirent, non que celui qui le poſſéde foit malheureux,
mais qu'il ceſſe d'être heureux par
la poſſeſſion de cet objet pour
qu'il s'en dégoûte, & afin qu'ils
puiſſent l'obtenir ; car l'homme
n'envie point les avantages auxquels il ne peut afpirer : ſi le fpectacle du bonheur de celui qui poſ-
féde cet objet leur déplaît, c'eſt
que tant qu'il fera heureux par cet
objet, ils ne peuvent efpérer de le
poſſéder. Ils n'euſſent point été
envieux ſi l'on eût développé en
eux la bienfaiſance, l'amitié, le
defir de l'eſtime, l'amour de la vertu qui procurent à l'homme des
plaifirs continuels & indépendants
des objets du luxe,

Il en faut dire autant des autres
envieux ; un avare, par exemple,
occupé sans cesse de projets pour
gagner de l'argent, ou pour obtenir des places utiles, qui n'a du
plaisir & du bonheur que par l'argent qu'il entasse ou qu'il place,
qui ne connoît de moyens d'augmenter sa fortune, que la sollici-
tation, l'intrigue, les complaisan-
ces les plus avilissantes, la servitu-
de & l'argent ; un homme de ce
caractere, desire ordinairement
toutes les places que ses pareils
obtiennent, tous les profits qu'ils
font : il a donné de l'argent, il a
sollicité, rampé pour les obtenir ;
il regarde le succès de ses con-
currents comme une perte pour
lui, comme une injustice qu'on
lui a faite. Il a du chagrin de voir
passer entre leurs mains, un bien
qu'il a desiré ; & qui est devenu
nécessaire à son bonheur.

Ce que nous disons de l'avare,

convient à l'ambitieux, à l'homme paffionné pour la célébrité, au gourmand, au voluptueux, à l'homme qui s'eft fait de fon mérite, de fa naiffance, de fes qualités perfonnelles, une idée exceffive, qui en eft fans ceffe occupé, qui penfe que tout le monde doit s'en occuper, & que l'attention que l'on donne aux autres, les égards que l'on a pour eux, font des vols qu'on lui fait; il fouffre de toutes les diftractions dans lefquelles on tombe à fon égard, il eft envieux.

Enfin il y a des atrabilaires qui fouffrent toujours, & qui regardent la joie des autres comme la caufe de leur infenfibilité aux maux qu'ils fouffrent; ils les regardent comme des ennemis, ils fouffrent du bien qui leur arrive, parce qu'ils croient qu'il augmentera même leur infenfibilité; ils font envieux, mais ils font malades, ils ne font point dans l'état naturel de l'homme.

Ce n'eſt pas ſeulement de l'organiſation de l'homme que naît l'envie, ſelon Spinoſa ; elle eſt ſelon lui, l'effet néceſſaire de l'amour propre. L'homme s'aime, dit-il, il aime tout ce qu'il a, il contemple avec plaiſir ſes qualités, ſes talents, c'eſt par l'idée avantageuſe qu'il en a pris, qu'il eſt heureux ; il deſire tout ce qui peut l'augmenter, il hait tout ce qui l'affoiblit, il veut non-ſeulement poſſéder tout ce que les autres poſſédent, mais encore il eſt fâché qu'ils aient des choſes ſemblables à celles qu'il a : ce qu'ils ont de bon l'humilie & lui cauſe du deplaiſir. (1)

Spinoſa ſe trompe : l'amour que nous avons pour nous-mêmes, ne nous fait point haïr dans les au-

_____

(1) Etic. part. 3. *p.* 138. ſchol.

D 3

tres tout ce qui les élève au-deffus de nous, ou qui les rend égaux
à nous : car nous avons vu que
nous eftimons dans les autres la
bienfaifance & les vertus fociales :
que nous aimons ceux qui les pra-
tiquent, & que nous defirons qu'ils
foient heureux. Spinofa recon-
noît lui-même dans l'homme cette admiration, & cet amour pour
les vertus des autres, mais il prétend que nous n'aimons la vertu
que dans les hommes que nous
regardons comme des êtres d'une
nature différente de nous ; que
nous haïffons cette même vertu
dans nos égaux. (1)

Mais Spinofa fe trompe encore : car nous avons vu que la reffemblance dans les idées, dans les
mœurs, dans l'amour de la vertu,
étoit un principe d'amitié, & qu'un
ami voyoit avec plaifir les fuccès.

_____

(1) *Ibid. p.* 132.

& la prospérité de son ami. L'homme n'est donc pas naturellement fâché du bien qui arrive à un autre homme, parce qu'il est son égal. Il n'admire point la vertu, il ne l'aime pas parce qu'il la voit dans un être d'une nature différente de la sienne : c'est parce qu'il aime & qu'il admire la vertu, qu'il tire pour ainsi dire l'homme vertueux de la classe des hommes ordinaires, pour en faire un être d'une nature différente.

Enfin ce n'est pas toujours par un principe d'envie que les hommes sont fâchés du bonheur des autres, c'est souvent par un sentiment de justice, d'équité & d'humanité.

Si un homme, par exemple, est dur, hautain, superbe, tyrannique, il sera possible qu'on ait du chagrin du bien qui lui arrivera, comme on est fâché de voir augmenter la puissance & la force d'un ennemi. Le bien qui arrive à cet homme eſt un mal pour ſes égaux, pour ſes inférieurs, pour ſes voiſins, pour ſes ſupérieurs même; le chagrin que ſon bonheur excite, s'étend auſſi loin que ſon pouvoir.

Si ſans être hautain ou ſuperbe, cet homme parvient par l'intrigue, par des ſervices domeſtiques, par de baſſes complaiſances, par la calomnie, par la délation & par l'artifice aux charges, aux places, aux honneurs, aux avantages deſtinés à récompenſer les vertus & les talents ou à les encourager : non-ſeulement ſes égaux, mais ſes ſupérieurs & ſes inférieurs ; tous les honnêtes gens s'en offenſent, ils en reſſentent du chagrin, non parce que cet homme eſt heureux, mais parce qu'il l'eſt injuſtement, aux dépens de l'homme de mérite, & au préjudice de la choſe publique. Le cha-

grin que l'on a du bien qui arrive
à ces hommes, n'eſt point de l'envie, il n'eſt contraire ni à la ſociabilité, ni à la ſubordination.

Dans l'examen que nous avons
fait des beſoins & des inclinations
de l'homme, nous avons vu que
la Nature ne rend néceſſaires ni à
ſon exiſtence, ni à ſon bonheur
les grandes richeſſes, les honneurs & la puiſſance, que peu de
choſes ſuffiſent à ſa nourriture,
que par conſéquent elle n'a rendu
néceſſaire, ni à ſon exiſtence ni
à ſon bonheur, la ſomptuoſité de
la table & les richeſſes qui la procurent, que la puiſſance à laquelle elle fait tendre l'homme, eſt
celle qui procure la ſécurité ; que
par conſéquent elle ne le fait aſpi-
rer à aucun des objets de l'ambition. Qu'elle le porte à aimer & à
eſtimer tous les hommes utiles,
& à procurer leur bonheur ; que
par conſéquent elle ne le porte

point à se chagriner du bien qui
leur arrive; qu'elle l'a fait bienfaifant & capable de se dévouer au
bonheur de ses semblables ; que
par conféquent elle ne l'a pas fait
pour fentir du chagrin lorfqu'ils
font heureux; qu'elle lui a donné
dans fa confcience un Cenfeur
qui ne lui permet pas d'être heureux aux depens du bonheur des
autres, & qui reproche à l'envieux
fon envie.

L'envieux a donc étouffé toutes les inclinations bienfaifantes
qu'il a reçues de la Nature, il les
a toutes perverties, il a rompu
tous les liens deftinés à unir les
hommes ; il s'eft avili, il s'eft dé-
gradé, il s'eft rendu l'ennemi du
genre humain, il s'eft mis dans la
claffe des tygres, des lions & des
bêtes féroces qui ne fubfiftent que
par le malheur & par la défolation des autres animaux : voilà la
caufe de l'indignation & de la

haine qu'excite l'envieux dans toutes les ames; voilà pourquoi, comme le dit M. de la Roche-Foucaut, l'envie est une passion timide & honteuse que l'on n'ose jamais avouer.

Nous avons donc eu raison d'assurer que l'envie n'est point un vice naturel à l'homme.

L'expérience à laquelle Spinosa & Mandeville en appellent, ne leur est pas plus favorable que la raison. On ne voit point dans tous les hommes cette ambition aveugle & insensée, cette insatiable avidité d'honneurs, de distinctions & de richesses que Spinosa & Mandeville regardent comme essentielles à la nature humaine, & qui produisent l'envie. L'histoire nous offre des hommes, qui par un sentiment de modération & de modestie, se refusent constamment & sans faste à tout ce qui peut flatter l'ambition, séduire

D 6

l'amour propre & satisfaire la cu-
pidité. Citons-en quelques exemples: l'histoire de la Chine en est
remplie.

» *Tié-y-u* étoit un homme du
» Royaume de *Ton*, qui vivoit du
» travail de ses mains, mais qui
» sous un extérieur simple & pau-
» vre, cachoit une haute sagesse.
» Le Roi qui faisoit cas de la vertu
» & qui connoissoit celle de son
» sujet, voulut l'employer. Il lui
» envoya un homme exprès, &
» deux chariots chargés de pré-
» sents, avec ordre de lui dire,
» que le Roi le prioit d'accepter
» avec ces présents le Gouverne-
» ment & l'Intendance générale de
» cette partie de ses Etats, qui étoit
» au midi du fleuve *Hoai. Toié-y-
» u* rit à ce compliment, mais sans
» répondre un seul mot, & l'en-
» voyé fut obligé de s'en retourner
» avec ses présents sans avoir eu
» d'autre réponse.

»La femme de *Toié-y-u.*, qui
»étoit alors abfente, remarqua en
»retournant à la maifon, des vef-
»tiges de chariots qui ne paf-
»foient pas plus loin que fa porte.
»Quoi ! mon mari, dit-elle, en
»rentrant, vous oubliez vous de
»cette vertu & de ce défintéreffe-
»ment qui ont fait jufqu'ici vos
»délices ? il eft venu des chariots
»à votre porte & ils n'ont point
»paffé outre ? ils étoient chargés
»fans doute, car ils ont laiffé de
»profonds veftiges ; qu'eft-ce que
»cela, je vous prie ?

»C'eft le Roi, répondit le mari,
»qui me connoît mal, & qui croit
»que je vaux quelque chofe, il
»veut me charger du Gouverne-
»ment d'une partie de fes Etats :
»il a envoyé un homme exprès,
»avec ces deux chariots de pré-
»fents, pour m'inviter à prendre
»cet emploi.

»Il falloit tout refufer, reprit

»la femme , préfens & charges.

» *Toié-y-u* voulut voir fi c'étoit
» fincérement que parloit fa fem-
» me ; nous naiffons tous répondit-
» il , avec une inclination naturel-
» le pour l'honneur & pour le bien.
» Pourquoi ne pas les accepter
» quand ils nous viennent ? Pour-
» quoi trouvez-vous à redire que
» j'aie été fenfible aux bienfaits du
» Roi ?

» Helas ! répondit la femme tou-
» te affligée , la juftice , la droitu-
» re , l'innocence , en un mot la
» vertu eft bien plus en fureté dans
» une vie retirée & dans une hon-
» nête pauvreté , que dans l'em-
» barras des affaires & dans l'opu-
» lence. Etoit-il de la fageffe , de
» faire un fi dangereux échange ?
» Nous fommes enfemble il y a
» long-temps : jufqu'ici votre tra-
» vail nous a fourni de quoi vivre ,
» & le mien de quoi nous vêtir ;
» nous n'avons fouffert ni faim , ni

»froid. Quoi de plus charmant,
»qu'une pareille vie également
»innocente & tranquille ? ne de-
»viez-vous pas vous y tenir ? peut-
»être n'avez-vous pas fait atten-
»tion à la dépendance & à la fer-
»vitude que traînent après eux
»ces préfens & ces emplois : ils
»ôtent à l'homme une partie de
»fa liberté par rapport à la vertu :
»ils engagent à des égards qu'il
»eft fouvent difficile d'accorder
»avec une parfaite droiture & une
»exacte équité.

» Alors *Toïé-y-u* content de fa
»femme, confolez-vous, lui dit-
»il, je n'ai accepté ni emploi, ni
»préfent.

» Je vous en félicite, dit la fem-
»me : mais il refte encore une cho-
»fe à faire : car être membre d'un
»Etat, & refufer de fervir le Prin-
»ce quand il le fouhaite, il y a là
»quelque chofe à redire. Reti-
»rons-nous, allons vivre ailleurs ;

» ils plièrent donc leur petit baga-
» ge, ils changerent de nom fur
» la route, pour n'être pas recon-
» nus & ils paſſerent en un autre
» pays. (**1**)

Cette noble modération, ce
fage déſintéreſſement eſt pour les
Chinois un fujet d'émulation, &
un objet de vénération & d'a-
mour : on les a vus ſe réunir autour de ceux qui en donnoient
l'exemple, comme on a vu les
hommes diſperſés ſe réunir autour
des ſages qui les policerent.

» *Lai-Tſe* s'étant retiré de bon-
» ne heure de tous les embarras du
» monde, ménoit avec ſa femme
» une vie paiſible dans un endroit
» aſſez reculé : des roſeaux fai-
» ſoient les murailles de ſa maiſon :
» le toît étoit de paille : un lit de
» ſimples planches, & une natte
» de jonc étoient tous les meubles

(**1**) Du Halde, t. 2. p. 677.

»de la chambre. Lui & sa fem-
»me s'habilloient d'une toile assez
»grossiere. Leurs mets ordinaires
»étoient des pois qu'ils semoient
»& recueilloient de leurs propres
»mains. Il arriva qu'à la Cour de
»*Ton* , comme on s'entretenoit
»des anciens sages, quelqu'un par-
»la de *Lai-Tse*, comme d'un hom-
»me qui les égaloit en vertu. Il
»prit envie au Roi de l'appeller à
»la Cour, & de lui envoyer des
»présents pour l'inviter. On laissa
»entendre au Roi, que selon les
»apparences *Lai-Tse* ne viendroit
»pas. Sur quoi le Roi se détermi-
»na à l'aller trouver lui-même en
»personne. En arrivant à sa caba-
»ne, il le trouva qui faisoit des
»paniers propres à porter de la
»terre.

»Je suis, lui dit humblement le
»Roi, un jeune homme sans lu-
»mieres & sans sagesse , cepen-
»dant je suis chargé du poids d'un

»Etat que m'ont laiſſé mes ancê-
»tres : aidez-moi à le ſoutenir, je
»viens pour vous y inviter.

»Mon Prince , répondit *Lai-*
»*Tſe* , je ſuis un villageois & un
»montagnard , tout-à-fait indigne
»de l'honneur , & encore plus in-
»capable de l'emploi que votre
»Majeſté daigne m'offrir.

»Je ſuis jeune & preſque ſans
»ſecours, dit le Roi , faiſant de
»nouvelles inſtances , vous me
»formerez à la vertu : je veux ſin-
»cérement profiter de vos lumie-
»res & de vos exemples.

»*Lai-Tſe* parut ſe rendre , & le
»Roi ſe retira.

»La femme de *Lai-Tſe* reve-
»nant de ramaſſer un peu de bois
»à brûler : que veut dire ceci, dit-
»elle, que ſont venus faire ces
»chariots , dont je vois les tra-
»ces ?

»C'eſt le Roi lui-même en per-
»ſonne , dit *Lai-Tſe* qui eſt venu

»me propofer de prendre fous lui
» le Gouvernement de l'Etat.

» Y avez vous confenti, deman-
» da la femme ?

» Le moyen de refufer ? répon-
» dit *Lai-Tfe.*

» Pour moi, répondit la fem-
» me, je fais le proverbe qui dit ,
» qui mange le pain des autres fe
» foumet à leurs coups : il peut très-
» bien s'appliquer à ceux qui font
» auprès des Princes : aujourd'hui
» en crédit , & dans l'opulence ,
» & demain dans l'ignominie &
» dans les fupplices ; & tout cela
» fuivant le caprice de ceux qu'ils
» fervent. Vous venez donc de
» vous mettre à la difcrétion d'au-
» trui : je fouhaite que vous n'ayez
» pas lieu de vous en repentir ,
» mais j'en doute ; & je vous décla-
» re pour moi que je n'en veux
» point courir les rifques : ma li-
» berté m'eft trop chere pour la
» vendre ainfi. Trouvez bon que

»je vous quitte : elle sort à l'inf-
»tant & se met en chemin.

»Son mari eut beau lui crier de
»revenir, & lui dire qu'il vouloit
»délibérer encore, elle ne daigna
»pas même tourner la tête. Mais
»allant tout d'une traite jusqu'au
»midi du fleuve *Kiang* elle s'y ar-
»rêta.

»Alors sentant naître en son
»cœur quelque inquiétude sur la
»maniere dont elle pourroit vivre,
»elle se répondit par ces paroles :
»les oiseaux & les autres animaux
»laissent tomber tous les ans plus
»de plumes, & de poils qu'il ne
»m'en faut pour me faire quelques
»habits; il se perd dans les champs
»plus de grains & plus de fruits
»qu'il ne m'en faut pour me nour-
»rir.

»*Lai-Tse* touché du discours &
»de l'exemple de sa femme la sui-
»vit malgré son engagement : ils
»s'arrêterent tous deux au midi du

»*Kiang* : bien des gens les y fuivi-
»rent & y tranfporterent leurs fa-
»milles. En moins d'un an il fe
»forma là un nouveau village qui
»dans l'efpace de trois ans devint
»une groffe bourgade, (1)

Ce n'eft pas feulement dans le
fimple citoyen de la Chine que
l'on trouve cette modération, on
la trouve dans les courtifans, dans
les favoris, dans les grands.

L'Empereur *Ming-ti* peu après
qu'il fut monté fur le trône, voulut donner un important emploi à
Yn-Long, qui fous le régne précédent avoit été avancé dans la
guerre : *Yn-Long* pour fe difpenfer d'accepter cet emploi adreffa
au Roi le difcours fuivant.

»Prince, depuis dix ans & plus
»je fuis dans les emplois : il eft rare
»qu'on y avance fi promptement
»& à fi peu de frais que je l'ai fait;

_____

(1) *Ibid. p. 678.*

» j'en fuis redevable aux bontés du
» feu Empereur, & j'en ai la recon-
» noiffance que je dois ; mais je
» n'ignore pas auffi que les graces
» doivent avoir quelque propor-
» tion avec le mérite , & qu'une
» faveur exceffive en élevant trop
» un homme l'expofe aux plus
» grands revers : favoir s'arrêter où
» il faut, eft une maxime de fageffe
» pour tout le monde : elle me con-
» vient plus qu'à perfonne : auffi
» fuis-je très-éloigné d'ambitionner
» de nouveaux honneurs, & je le fuis
» encore plus de vouloir les obte-
» nir au préjudice de ceux qui en
» font plus dignes que moi : je fuis
» monté fous le feu Empereur ,
» aux premiers grades de la mili-
» ce ; j'en fuis redevable bien moins
» à mon mérite & à mes fervices ,
» qu'aux bontés que lui infpiroit
» pour moi une alliance des plus
» proches. Cependant comme il
» fe produifoit alors très - peu de

» gens qui fuſſent de miſe, cette di-
» ſette à pu juſtifier l'honneur qu'il
» m'a fait. Aujourd'hui les choſes
» ſont ſur un autre pied. Sous l'heu-
» reux régne de votre Majeſté,
» nous voyons à la Cour & dans
» les Provinces un grand nombre
» de gens du premier mérite, tous
» également attachés à votre ſer-
» vice ; me donner dans ces con-
» jonctures l'emploi que votre Ma-
» jeſté veut bien m'offrir, & réunir
» en ma perſonne ce qu'il y a de
» plus important dans la robe &
» dans les armes, ſouffrez, que je
» le diſe, c'eſt ce me ſemble vous
» éloigner de cette ſouveraine
» équité qui a déja rendus ſi célé-
» bre, les commencemens de vo-
» tre régne. C'eſt du moins donner
» occaſion à ce que l'on vous ſoup-
» çonne de vous conduire par des
» inclinations particulieres.

   » Etant frere de l'Impératrice je
» vous appartiens de près. Vous

» favez combien dans les fiécles
» paffés l'élévation de tels alliés
» a caufé de troubles, & combien
» le fouvenir de ces malhéurs rend
» odieux à tout l'empire le choix
» qu'on fait d'eux, fur tout pour des
» emplois qui leur donnent part
» au gouvernement. Profitez de
» ces connoiffances : quand j'aurois
» des talents plus grands que je
» n'ai , quand vous les jugeriez
» vous pouvoir être très-utiles, il fe-
» roit toujours de la fageffe de vous
» en priver plutôt que d'aller con-
» tre un préjugé fi univerfel , &
» fondé fur tant de triftes événe-
» mens. Vouloir abfolument paffer
» par deffus , ce feroit nourrir les
» foupçons & les murmures dans
» le cœur de vos Sujets, & vous ex-
» pofer aux plus grands malheurs,
» il ne fuffiroit pas même pour pa-
» rer à ces inconveniens que vos
» Miniftres & vos grands Officiers
» pénétraffent la droiture de vos
                    intentions

»intentions & approuvassent votre
»choix ; car enfin le moyen qu'ils
»allassent de porte en porte le
»justifier à tout l'Empire ?

»J'aimerois naturellement au-
»tant qu'un autre à voir augmen-
»ter mes richesses & mes titres, je
»suis fort éloigné d'être insensible
»aux nouveaux honneurs que vo-
»tre Majesté veut bien m'offrir.
»D'ailleurs la maniere dont elle
»l'a fait & le rang qu'elle tient, me
»font craindre qu'elle ne s'offense
»de mon refus, & que ce refus ne
»m'expose à perdre mon rang,
»même la vie.

»Quoique j'aie bien peu de
»lumieres, je ne suis pas aveugle
»jusqu'à ce point, que de vouloir
»sans raison m'exposer à vous dé-
»plaire, & à tout ce qui peut s'en-
»suivre. Mais instruit par les évé-
»nemens des temps passés, je
»crains d'être une occasion de
»troubles, & le bien de votre état

»m'eſt plus cher que ma fortune
» & que ma vie ; c'eſt ce qui m'a
» fait ſouhaiter plus d'une fois de
» me retirer, & c'eſt ce qui m'en-
» gage à refuſer le nouvel emploi
» dont votre Majeſté m'honore.
» Peſez je vous en prie le motif
» que j'ai de vous repréſenter li-
» brement qu'il ne convient point
» que je l'accepte.

   » Si votre Majeſté juge que de
» lui réſiſter ainſi ce ſoit un crime,
» j'en ſubirai le châtiment ſans re-
» gret, & je regarderai le jour de
» ma mort comme le commence-
» ment de ma vie. (1)

   Les regiſtres de la Chine ſont
remplis de pareils exemples de
modération. On y voit de ſimples
citoyens, des courtiſans, des let-
trés, des mandarins de tous
les Ordres qui reſuſent des richeſſes, des charges, des dignités,

_____

parce qu'ils connoissent des citoyens qui en sont plus dignes
qu'eux.

Les histoires Grecque & Romai-
ne offrent des exemples fréquens
de modération & de modestie. Socrate & Aristide n'envierent point
aux riches d'Athènes leurs richesses & leurs délices ; Phocion refusa sans orgueil & sans ostentation les biens dont Alexandre vouloit le combler , & même la souveraineté d'une Ville. (1)

Le succès d'un concurrent n'é-
toit point un sujet d'humiliation
& de chagrin à Sparte. « Pedarete
» ayant failli à être reçu au conseil
» des trois cents qui étoit le dégré
» le plus honorable de toute la
» chose publique , sortit de l'af-
» semblée tout riant & tout gai ;
» les Ephores le firent venir , &
» lui demanderent pourquoi il

_____

(1) Plut. vie de Phocion.

E 2

»rioit ? pour ce, dit-il, que je me
»réjouis avec notre Ville de ce
»qu'elle a trois cents, hommes
»plus gens de bien que moi. (1)

Ariſtide, émule de Themiſtocles, n'employa jamais contre lui
que l'amour du bien public, la
raiſon & la juſtice : il fut banni
d'Athènes par les brigues de Themiſtocles; & lorſque Xerxès atta-
quant la Grece, Athènes rappel-
la les bannis, Ariſtide au travers
de mille périls ſe rendit auprès de
Themiſtocles, & lui dit : « The-
»miſtocles, ſi nous ſommes ſages,
»nous renoncerons déſormais à
»cette vaine & puérile diſſenſion
»qui nous a agités juſqu'ici, & nous
»nous jetterons dans une émula-
»tion, plus honorable & plus ſa-
»lutaire, en combattant & en
»faiſant à qui mieux pour ſau-
»ver la Grece, vous en comman-

_____

(1) Plutar. dits not. des Lacéd.

» dant & en faisant le devoir d'un
» bon Capitaine, & moi en vous
» obéissant & en vous aidant de
» ma personne & de mes con-
» seils. (1) »

Après cette ouverture, Aristide
servit Themistocles comme Pyla-
de eût servi Oreste.

» Les grands hommes chez les
» Romains ne disputoient entre
» eux que de gloire : émulation
» bien avantageuse aux peuples
» qui vivoient dans un pareil gou-
» vernement, dit Diodore. Par-
» mi les autres Nations les puis-
» sans sont jaloux & envieux les
» uns des autres ; mais les Romains
» se louent, se soutiennent mu-
» tuellement, & ne s'occupent que
» de l'utilité publique; ce concours
» d'intentions les porte à faire de
» très-grandes choses. (2)

_____

(1) Plutar. vie d'Aristide.
(2) Diod. Fragm. du *l.* 2.

E 3

Voilà à quoi se réduit cette prétendue expérience à laquelle Mandeville & tant de gens après lui en appellent avec tant de confiance.

Il y a des personnes qui croient qu'on trouve dans la loi de l'Ostracisme une preuve plus certaine que l'envie est un vice naturel à l'homme : on bannissoit par cette Loi, pour dix ans, les citoyens qui se distinguoient par leurs richesses, par leurs talents, par leurs vertus mêmes : on appelloit ce jugement, dit Plutarque, un rabais & une diminution de l'orgueil qui croissoit trop, de la puissance qui devenoit à charge ; mais dans la vérité c'étoit un innocent & doux allegement de l'envie : Aristide même ne fut-il pas la victime de cette envie ? ne vit-il pas un Paysan qui ne le connoissoit pas, & qui ne donna son suffrage contre lui, que parce qu'il étoit fatigué de l'entendre toujours appeller le juſte. (1)

Si l'on veut bien examiner l'origine de la loi de l'Oſtraciſme, on verra qu'elle n'eſt point un effet de l'envie : elle fut vraiſemblablement portée d'abord contre les factieux ; il eſt certain qu'on l'étendit aux perſonnes recommandables par leurs talents, & même par leurs vertus, parce qu'on craignoit qu'elles n'abuſaſſent de l'autorité que leur donnoit la vertu même.

La conſtitution du gouvernement d'Athènes avoit pour objet l'égalité des citoyens; cette égalité produiſoit entre eux une eſpece d'équilibre ſans lequel ils croyoient qu'il n'y avoit plus de liberté : or ils croyoient que cet équilibre étoit rompu par les talents ſupérieurs, par la vertu éminente, &

_____

(1) Vie d'Ariſtide.

E 4

c'eſt pour cela que tous les états
démocratiques avoient leur Oſtraciſme. (1)

Le banniſſement d'Ariſtide n'eut
pas d'autre motif : Themiſtocles
& ſes émiſſaires alloient publiant
qu'Ariſtide avoit aboli tous les
Tribunaux, en jugeant tout par
lui même, & diſoient qu'en ſe rendant ſeul arbître de tous les diffé-
rens, il s'étoit fait une Monarchie
ſans pompe & ſans appareil. (2)

A l'égard du Payſan qui ſans
connoître Ariſtide, étoit bleſſé &
fatigué de l'entendre appeller le
Juſte, on ne peut en conclure que
l'homme porte naturellement envie à la vertu : il eſt poſſible que
ce Payſan ne fût pas un honnête
homme, & que le titre ſeul
de *Juſte* le rendît ennemi d'Ariſtide : le baniſſement de cet Athé-

___

(1) Ariſt. Polit. l. 5, c. 3.
(2) Vie d'Ariſtide.

nien fut l'ouvrage d'une cabale,
& la cabale ne choifit pas les Profe-
lytes parmi les hommes vertueux.

Cette loi connue chez les Athéniens fous le nom d'Oftracifme,
s'étoit établie à Syracufe fous le
nom de Pétalifme. Les Syracufains
troublés continuellement par les
factions des ambitieux qui afpi-
roient à la tyrannie, établirent
des affemblées dans lefquelles on
écrivoit fur une feuille d'olivier
le nom de celui qui paroiffoit le
plus puiffant de la ville ; après
quoi l'on comptoit les feuilles, &
celui dont le nom fe trouvoit fur
un plus grand nombre de feuilles,
étoit banni pour cinq ans. Ainfi,
dit Diodore, cet exil au lieu d'ê-
tre la punition d'un crime commis, n'étoit qu'une précaution
contre un pouvoir dangereux. Les
Syracufains l'abolirent lorfqu'ils
virent que les Citoyens les plus
capables de fervir la patrie par

E 5

La vanité est une opinion excessive que l'homme conçoit de lui-même, jointe à un desir vif d'obtenir des témoignages de respect, d'estime & de considération qu'il croît dûs à son mérite, qui justifient & qui confirment l'idée qu'il en a.

L'orgueil, comme on le voit, éléve l'homme au-dessus des loix : il le rend indifférent au bonheur des autres, à la gloire de sa patrie, au bonheur public ; il autorise l'orgueilleux à tout entreprendre pour satisfaire ses passions.

Il faut à l'homme vain, comme dit Mandeville, des hommages, du respect, des louanges, des esclaves, pour satisfaire sa vanité, il sacrifie même à ce desir son repos & ses plaisirs ; comme l'orgueilleux il sacrifie à ce besoin, ses devoirs & les loix, & comme dit M. de la Roche-Foucaut, si la vanité ne renverse pas entierement les vertus, du moins elle les ébranle toutes.

Nous reconnoiſſons donc que l'homme ne ſeroit pas capable de la ſubordination néceſſaire pour le bonheur des ſociétés, s'il étoit eſſentiellement & inflexiblement orgueilleux & vain : mais il eſt certain que l'orgueil & la vanité ne ſont point des vices eſſentiels à l'homme.

Ce n'eſt point la Nature qui donne à l'homme cette idée exceſſive de ſon mérite, qui fait l'eſſence de l'orgueil & de la vanité : elle dépoſe dans ſon cœur le deſir de s'eſtimer & d'être eſtimé des autres, mais elle lui donne la raiſon pour lui faire connoître les bornes de ſes facultés, de ſes connoiſſances & de ſes talents.

Les forces ſupérieures de beaucoup d'animaux, les infirmités de l'homme, les maladies auxquelles il eſt ſujet, la fragilité des reſſorts

l'homme confidéré dans l'ordre
politique ou civil. Un grain de
fable fait la grandeur ou la petiteffe, l'élévation ou l'abaiffement.

Toutes les facultés, dont la Nature a doué l'homme, tous les talents qu'elle lui accorde, tiennent
à des imperfections qui lui font
fentir fa foibleffe, & qui doivent
naturellement produire celui des
fentiments de modeftie & d'humilité :.» Le plus grand Philofophe
»du monde, fur une planche plus
»large qu'il ne faut pour marcher
»à fon ordinaire, s'il y a au-deffous
»un précipice, quoique fa raifon
»le convainque de fa fureté, fon
»imagination prévaudra. Plufieurs
»n'en fauroient foutenir la penfée
»fans pâlir & fuer. Qui ne fait qu'il
»y en a, à qui la vue des chats,
»des rats, l'écrafement d'un char-
»bon emportent la raifon hors des
»gonds ? . . . .

»L'efprit du plus grand hom-

»me du monde n'est pas si indépen-
»dant qu'il ne soit sujet à être trou-
»blé par le moindre tintamare qui
»se fait autour de lui : il ne faut
»pas le bruit d'un canon pour em-
»pêcher ses pensées, il ne faut
»que le bruit d'une girouette ou
»d'une poulie. Ne vous étonnez
»pas s'il ne raisonne pas bien à
»présent ; une mouche bourdon-
»ne à ses oreilles, & c'en est assez
»pour le rendre incapable de bon
»conseil ; si vous voulez qu'il puis-
»se trouver la vérité : chassez cet
»animal qui tient sa raison en
»échec, & trouble cette puissan-
»te intelligence qui gouverne les
»Villes & les Royaumes (1).

La raison ne connoît avec certitude qu'un petit nombre de choses ; le spectacle de la Nature qui
charme l'esprit humain, est un

(1) Pascal, pensées sur la vanité & sur la foiblesse de l'homme.

myftere, s'il veut en pénétrer les
refforts; il eft à lui-même à bien
des égards un myftere : les découvertes dans les Sciences & dans
les Arts , font préparées par les
fiécles précédens , quelquefois
elles font offertes par le hafard ,
prefque toujours elles font le fruit
d'un travail opiniâtre : pour y arriver, on paffe par mille bévues,
on pourfuit mille chimeres , on
tombe dans mille erreurs.

Il en eft de même des productions des talents , ce n'eft qu'après
mille tâtonnemens , mille correc-
tions , mille ratures ; que l'homme qui a le plus de talents, parvient à donner quelque chofe
d'eftimable : ainfi la nature en
donnant à l'homme la raifon, lui
donne un maître qui ne lui permet pas de s'enorgueillir de fes
forces, de fes richeffes, de fon efprit , de fes talents , de fes lumieres , puifqu'elle lui fait voir dans

tous ces avantages, des bornes
étroites, & que dans quelque degré qu'il les posséde, il ne sera
jamais dans la nature qu'un être
foible, ignorant & petit.

S'il ose s'enorgueillir, ce ne
sera qu'en se comparant aux autres hommes, qui seront dépourvus de sa force, de ses richesses,
de ses lumieres, de ses talents, ou
qui n'auront pas sa naissance.

Mais la raison vient encore le
garantir de l'orgueil que cette
comparaison pourroit lui inspirer :
elle lui fait voir que la naissance
est l'effet d'une infinité de hasards;
que n'étant ni le fruit, ni le principe du courage, des lumieres, de
l'esprit, des talents, elle n'a en elle-
même rien qui puisse rendre l'homme qui en est avantagé, plus estimable, que celui qui en est privé.

Elle dit la même chose à l'homme riche : elle le dit à l'homme
de génie, de lumieres & de talents;

foit que les hommes naiffent avec les mêmes talents, foit qu'ils foient des dons que la nature diftribue inégalement, l'homme ne peut y trouver un motif d'orgueil : 1°. Parce qu'il ne s'eft pas donné ces talents, 2°. parce que ceux aux-quels, il fe croit fuperieur par fes talents, en ont peut-être reçu d'é-gaux, ou même de plus grands, qui ont été étouffés par le malheur, ou dépravés par l'éducation qu'ils ont reçue ; 3°. parce que ceux qui n'ont pas ces talents, ont peut-être des qualités auffi eftimables que les talents dont ils font privés. 4°. Parce qu'il a été furpaffé ou égalé & qu'il fera furpaffé. 5°. Parce que fa fuperiorité n'eft ja-mais univerfellement reconnue & que par conféquent elle eft pref-que toujours douteufe. 6°. Parce que dans les productions dont on s'applaudit le plus il y a de grands défauts & que fouvent les cho-

ſes qu'on y admire le plus, ſont em-
pruntées ou imitées, & ne ſont
regardées comme des traits de génie, que par les ignorans.

Dans tous les hommes la raiſon
s'unit à la conſcience pour leur
demander ſi leur grandeur, leur
élévation, leur crédit leurs richeſſes ne ſont pas l'effet de l'intrigue
& de la cabale, la récompenſe de
la baſſeſſe, le ſalaire du crime ou
l'ouvrage du haſard.

La raiſon & la conſcience ne
laiſſent donc aucun prétexte à
l'orgueil ou à la vanité : c'eſt l'i-
gnorance & l'éducation qui rendent les hommes orgueilleux &
vains. Pour s'en convaincre, il ne
faut qu'examiner l'orgueil & la
vanité dans leur naiſſance, & les
ſuivre dans leurs progrès.

Le deſir de l'eſtime eſt naturel
à l'homme, il ſe développe, &
agit dans l'enfant auſſi-tôt qu'il
peut réfléchir : c'eſt par des louan-

ges, par des marques d'affection ;
par des diftinctions afforties à fes
idées & à fon état, qu'on l'excite
& qu'on le porte à l'application
& au travail : on l'élève au deffus
de fes pareils ; comme il ne diftin-
gue pas encore fi c'eft par fon travail, ou par les foins de fes maîtres qu'il s'eft élevé au-deffus de
fes pareils, il croit avoir en partage une ame fupérieure : il penfe
qu'il a reçu de là nature des dons
qu'elle a refufés aux autres ; qui
par les mêmes raifons croient
auffi qu'il eft fupérieur à eux ; on
témoigne de l'indifférence, du dédain, du mépris à ceux qui ne l'é-
galent pas, on le propofe pour
modéle, on excufe fes fautes ; on
punit févérement les mêmes fautes dans les autres : en le louant
fur fes petits fuccès, on ne lui fait
pas connoître fes défauts ; en ad-
mirant fes progrès, on ne lui fait
point fentir combien il eft éloigné

de la perfection, combien il s'en
faut qu'il n'égale les hommes distingués; il ne voit que lui & ses inférieurs; il ne se forme une idée
de sa personne, que sur l'admiration que lui témoignent ses maîtres; c'est-à-dire les hommes qui
sont à ses yeux les plus éclairés: il
prend pour ses camarades le mépris qu'il voit que ses maîtres ont
pour eux: il juge que les éloges,
les témoignages d'estime & de
considération qu'on lui donne, les
égards qu'on a pour lui, sont dûs
aux dons qu'il a reçus de la nature: & à son propre travail: dès ce
moment il se croit essentiellement
estimable & admirable: l'idée qu'il
se fait de son mérite, de son excellence & de sa personne, lui
offre un spectacle agréable; il s'en
occupe avec plaisir, elle suffit à son
bonheur, il peut être heureux par
la contemplation seule de son mérite, par l'idée seule de sa supériorité.

rité fur les autres qu'il méprife & auxquels il ne s'intérefle plus, parce qu'il ne ne les voit plus comme fes femblables, il eft d'une efpece différente, il eft orgueilleux, mais il l'eft de la façon de fes maîtres, fon orgueil eft l'effet de fon éducation.

Si les maîtres ne l'avoient pas conduit & entretenu dans l'illufion, les fautes qu'il commettoit, l'auroient humilié, les difficultés qu'il auroit éprouvées pour réuflir, l'auroient empêché de prendre une haute idée de fa capacité, de fes talents, de fon efprit ou des avantages pour lefquels il s'eftime ; fes camarades qui auroient connu fes fautes, ne lui auroient pas permis de les ignorer ; il n'auroit vu fes fuccès qu'avec fes imperfections, il auroit fenti qu'il les devoit aux foins de fes maîtres : rien ne tendoit à produire en lui cette idée exceflive qu'il s'eft faite de fon mérite.

Comme

Comme l'orgueilleux, l'homme vain eſt l'ouvrage de l'éducation & non de la nature : un enfant qui eſt loué pour quelqu'avantage que ce ſoit, s'eſtime plus que celui qui en eſt privé : ſi cet avantage lui attire des témoignages d'amitié ou de conſidération, il prend une haute idée de cet avantage, il croit que les témoignages extérieurs de reſpect, d'eſtime, de conſidération, les égards qu'on lui marque, ſont dûs à l'avantage qu'il poſſéde. L'enfant auſſi bien que l'homme fait, eſt flatté d'être aimé, eſtimé, conſidéré : les témoignages extérieurs de conſidération plairont donc à l'enfant, dont nous parlons, comme ſpectacle & comme preuve de l'excellence qu'il ſuppoſe en lui, principalement ſur l'autorité de ces témoignages : heureux par ces hommages & par l'idée qu'ils lui donnent de lui-même, il ne cherchera

point le bonheur dans d'autres
fources ; fi fes maîtres ne lui en ouvrent point d'autres, il fera toujours
occupé hors de lui-même, pour
favoir par les égards qu'on lui mar-
quera, l'idée qu'il doit avoir de lui-
même ; il fera donc heureux par
les impreffions qu'il fera fur les
autres hommes.

Comme l'homme veut nécef-
fairement & toujours être heureux,
cet enfant devenu homme, aura
befoin fans ceffe de recevoir des
éloges, d'attirer l'attention, d'exciter l'admiration : il tombera dans
l'ennui auffi-tôt que fes fens ne feront plus frappés par des témoignages d'eftime & d'admiration,
il fera malheureux fi on les lui refufe, il haïra ceux qui les lui refu-
feront, comme l'homme preffé par
la faim hait l'homme qui lui refufe
du pain : il aimera tous ceux qui
le loueront & qui l'admireront : il
aura pour amis intimes, pour con-

fident les hommes les moins capables de mettre des bornes ou
des restrictions à leur admiration;
cet homme sera un homme vain;
mais il ne le sera devenu que par
le vice de son éducation, la nature, si elle n'avoit pas été contre-
dite par les maîtres de l'enfant,
l'auroit garanti de la vanité, elle
lui auroit appris à chercher le bonheur dans la bienfaisance, dans
l'amitié, dans la satisfaction que
procure à l'homme l'accomplissement de ses devoirs; elle lui auroit
appris à être heureux indépendam-
ment des témoignages extérieurs
de considération que le vaniteux
recherche avec passion. La raison
lui auroit appris que ces respects,
ces éloges ne sont précieux &
flatteurs qu'autant qu'ils se rendent
à la vertu ou au mérite réel, &
par des hommes éclairés & vertueux; en suivant la nature & la
raison, il auroit bien plus desiré de

les mériter que de les obtenir ; enfin la raison aidée de l'expérience, lui auroit appris que l'on a prodigué les louanges & les hommages à des hommes médiocres & méprisables ; que souvent ils sont un ressort employé par l'intérêt, & non pas un tribut offert par l'estime ; qu'ainsi ce n'est point par les louanges qu'il faut que l'homme apprenne à s'estimer : s'il n'est pas impossible, du moins il est bien difficile que la vanité naisse dans un esprit qui réunit ces idées & ces sentimens ; la Nature ne produit donc point l'homme avec l'orgueil & avec la vanité, ce sont deux vices donnés par l'éducation.

Ce que l'éducation fait sur les enfans, sur les jeunes gens, les sociétés particulieres, les cotteries, les cabales, les partis le font sur les hommes plus âgés. Tout le monde peut en être convaincu en réfléchissant sur tout ce que je pourrois dire pour le prouver.

Mais, dira-t-on, n'y a-t-il pas dans tous les hommes un principe d'orgueil &, de vanité? &, comme dit M. Pascal, malgré la vûe de de toutes nos miseres qui nous touchent, & qui nous tiennent à la gorge, n'avons nous pas un instinct que nous ne pouvons réprimer, & qui nous éléve?

Oui, sans doute, mais cet instinct n'est ni de l'orgueil, ni de la vanité; cet instinct ne tend point à nous élever au-dessus des autres hommes, mais au-dessus des êtres insensibles & périssables : il tend moins à nous enorgueillir de nos avantages qu'à nous consoler des malheurs de notre condition, à rehausser dans notre esprit les autres hommes, & non pas à les rabaisser, parce que c'est la nature humaine que cet instinct éléve & aggrandit à nos yeux, & non un homme en particulier.» L'hom-

»me, dit Pascal, n'est qu'un ro-
»seau, le plus foible de la nature,
»mais c'est un roseau pensant : il
»ne faut pas que l'univers entier
»s'arme pour l'écraser. Une va-
»peur, une goutte d'eau suffit pour
»le tuer ; mais quand l'univers l'é-
»craseroit, l'homme seroit encore
»plus noble que ce qui le tue, par-
»ce qu'il sait qu'il meurt, & l'avan-
»tage que l'univers a sur lui, l'uni-
»vers n'en sait rien ; ainsi toute no-
»tre dignité consiste dans la pensée,
»c'est de-là qu'il faut nous relever,
»non de l'espace ou de la durée.

L'instinct qui nous éléve, aggrandit les autres hommes à nos yeux,
il nous fait voir en eux des êtres
aussi grands que nous par leur origine, par leur essence, & par leur
destination, des êtres qui ne différent de nous que par des choses
accidentelles & momentanées.

C'est par l'accomplissement de
ses devoirs par la conformité aux

ordres de la raison par la pratique des vertus sociales, que la nature rend l'homme grand à ses propres yeux, elle le force de se mépriser lui-même, quelque célébrité qu'il ait acquise, s'il est injuste, inhumain & déraisonnable : ce n'est à aucun des objets de l'orgueil ou de la vanité, qu'elle attache l'approbation de soi même, & par conséquent l'idée & le sentiment de la vraie grandeur ; c'est par cette approbation qu'elle élève en effet l'homme, c'est à cette espèce de grandeur que les hommes ont rendu les premiers hommages, ce n'est qu'à elle qu'ils en rendent de sinceres & de constants, & nul homme ne peut se dispenser de les rendre ; c'est donc à cette espèce de grandeur que la nature fait tendre l'homme par l'instinct qui l'élève.

L'orgueil qui n'a pour objet que des avantages particuliers, & des

qualités perfonnelles, eft donc l'effet de l'ignorance, c'eft une petiteffe, une fottife : » cet excès, dit
» Montagne, naît feulement en
» ceux qui ne tâtent que fuperficiel-
» lement … Si quelqu'un s'enivre
» de fa fcience, regardant fous foi,
» qu'il tourne les yeux au-deffus,
» vers les fiécles paffés, il baiffera
» les cornes, y trouvant tant de
» milliers d'efprits qui le foulent
» aux pieds : s'il entre en flatteufe
» préfomption de fa vaillance, qu'il
» fe ramentoive les vies de Scipion,
» d'Epaminondas, de tant d'ar-
» mées, de tant de peuples qui le
» laiffent fi loin derriere eux. Nul-
» le particuliere qualité n'enor-
» gueillira celui qui mettra quand
» & quand en compte, tant d'im-
» perfections & foibles qualités au-
» tres qui font en lui, & au bout,
» la nihilité de l'humaine condi-
» tion. (1)

_____

(1) Effais de Montagne, l. 2. c. 6.

Comme l'orgueilleux & l'homme vain offense tout le monde, il se forme une espece de ligue contre lui, chacun s'occupe à rechercher en lui le principe de son orgueil & de sa vanité. On apprécie sans exagération ses talents & ses qualités ; on étudie son caractére ; on est attentif à toutes ses actions, on pese toutes ses paroles : toute sa personne devient l'objet d'une espece d'inquisition générale & publique.

Il n'y a point d'homme pour qui cet examen ne soit redoutable, mais il est mille fois plus terrible pour l'orgueilleux & pour le vaniteux.

Comme ce n'est qu'en s'exagérant extrêmement ses petits avantages que l'homme devient orgueilleux & vain, on découvre aisément que son orgueil & sa vanité sont produites par une illusion grossiere ; on le regarde com-

E ij

me un visionnaire; &, selon Bâcon,
comme une espece de bouffon;
on le juge ridicule & méprisable:
mais comme son orgueil offense,
on le regarde comme un ennemi,
& on l'attaque; on lui revele à lui-
même tous les défauts, toutes les
imperfections qu'il se cachoit; on
veut qu'il connoisse combien son
erreur & son illusion sont grossie-
res, & combien on le méprise.
Toutes les actions qui ont rapport
à cet homme, tous les discours
qu'on lui adresse, se ressentent de
cette disposition générale des esprits; on lui dit à chaque instant
qu'il est petit & méprisable & on
le lui prouve: ce jugement una-
nime & continuellement repété,
l'inquiéte, l'humilie & le rappelle
à lui-même, lui fait prendre de
justes idées de sa personne, & le
corrige; on le force de se sépa-
rer d'une société qui attaque sans
cesse son bonheur, & qui le trou-

ble. Il eſt obligé de s'anéantir pour
ainſi dire lui - même. Dans cette
eſpece de néant, il conſerve le
ſouvenir de l'improbation générale, du peu de cas que le public
fait des choſes qu'il admire dans
ſa propre perſonne, du mépris
qu'il a pour ſes qualités qu'il croit
que toute la terre doit révérer en
lui. Il n'y a point d'homme, quelqu'orgueilleux qu'il ſoit, qui puiſſe connoître toutes ces choſes ſans
en être affligé ; ainſi la Nature attache le malheur à l'orgueil comme à tous les vices contraires à la
ſociété.

Mais n'y a-t-il pas un orgueil
eſtimable, un noble orgueil, c'eſt-
à-dire un ſentiment élevé, qui
donne une raiſonnable confiance
en ſon propre mérite, qui porte
à faire de grandes choſes, & qui
éloigne de toute ſorte de baſ-
ſeſſes ?

Je réponds, que ce ſentiment

élevé que l'homme prend par l'idée
de son propre mérite, est toujours
un orgueil blamable. Il est certain,
par ce que nous avons dit, que
l'homme ne peut prendre ce sentiment élévé de son mérite personnel, sans se l'éxagerer, sans
abaisser injustement les autres à
ses yeux, & sans avoir un sentiment de mépris pour eux, c'est
toujours l'erreur d'un petit homme, ou d'un petit caractere, d'un
sot ou d'un enthousiaste.

Si le grand homme, l'homme
éclairé découvre sa supériorité sur
les autres, il la regarde comme
un avantage qui doit le rendre
plus indulgent pour leurs fautes, &
non pas comme un mérite qui l'autorise à s'élever avec fierté au-dessus d'eux. Telle étoit l'idée que
Descartes avoit de sa personne ;
il ne se croyoit naturellement supérieur en génie à aucun homme,
& il se croyoit inférieur à plu-

ſeurs en ſagacité, en imagination.
Il regardoit le progrès qu'il avoit
fait dans les Sciences, comme
l'effet de quelques idées que le
hazard lui avoit offertes. Pour être
orgueilleux il faut ſe ſéparer de
toutes ces circonſtances & de toutes ces cauſes, il faut ne voir que
ſoi-même, & ne pas connoître les
autres hommes. Le noble orgueil
eſt donc toujours un ſot orgueil.

Je ne ſais pourquoi l'on prétend que l'orgueil même noble,
porte à faire de grandes choſes :
il tend au contraire à tenir l'homme dans la contemplation de ſoi-
même, dans l'indifférence pour
les autres, & dans l'inaction.

Il eſt vrai, que quelquefois l'orgueilleux fatigué de l'admiration
qu'il éprouve en ſe contemplant,
& pour ſe délaſſer, ſort, pour ainſi
dire, hors de lui-même, & deſcend
juſqu'aux autres hommes : mais
alors il publie les merveilles qu'il y

a découvertes, il n'agit que pour se
faire rendre des hommages ; il ne
sort de son repos que pour éton-
ner, & pour ravir; il cherche, non
à être utile, mais à faire des choses singulieres qui attirent l'attention & qui surprennent.

Enfin, ce n'est point le noble
orgueil qui garantit l'homme de
la bassesse, c'est la force, c'est la
fermeté de l'ame, & le noble orgueil qui éléve l'homme lui ôte
cette force, parce qu'elle a sa force dans une connoissance exacte
de la vraie condition de l'homme,
de sa destination, de ses devoirs
& de ses imperfections même, que
le noble orgueil lui cache.

Semblable à Anthée, qu'Hercule ne pouvoit vaincre tant qu'il
touchoit la terre, l'homme tant
qu'il est humble & modeste, tant
qu'il connoît son véritable état,
ne peut être, ni accablé par ses
ennemis, & par le malheur, ni

aveuglé par la profpérité. Mais, fi
l'orgueil & la vanité lui font perdre de vue fes imperfections, &
pour ainfi dire quitter la terre ; la
moindre contradiction le décon-
certe, le moindre accident l'ébranle, le moindre revers le culbute,
anéantit toute fa grandeur, & fait
évanouir toute fa force : comme
Hercule étouffa Anthée lorfqu'il
l'eut élévé en l'air.

N'imputons donc point à la Nature de faire naître l'homme orgueilleux ou vain, & gardons-
nous de vouloir excufer ou anno-
blir un vice funefte à la profpérité des fociétés, & au bonheur des
hommes, qui détruit le fentiment
de l'égalité naturelle, qui rend les
talents & les dons de la Nature
inutiles ou nuifibles. Les vérités
les plus importantes offenfent ou
rebutent, lorfque c'eft l'orgueil
qui les annonce ; les fervices les
plus effentiels humilient, lorfqu'ils

font rendus par l'orgueil, je parle du noble orgueil. La vertu eſt grande, magnanime, généreuſe, tendre, modeſte ; qu'avons-nous beſoin, pour exprimer ces qualités des mots de noble orgueil dont le ſot orgueil & la préſomption abuſent ?

CHAPITRE II.

Les hommes chargés de gouverner, peuvent diriger la puiſſance dont ils ſont dépoſitaires, vers le bonheur général, & ils ſont portés naturellement à la diriger vers cet objet.

Il n'y a point d'homme que la Nature faſſe naître avec des forces phyſiques, capables de ſoumettre tous les hommes qu'il gouverne. Leur obéiſſance à ſa volonté, leur docilité pour ſes ordres, ſont donc la preuve la plus ſincére

de leur eſtime, de leur confiance,
de leur dévouement & de leur
zéle pour ſon bonheur. Or, un
homme ne peut voir que l'on a
pour lui ces ſentiments ſans les
éprouver pour ceux en qui il les
voit. Le Souverain eſt donc porté
naturellement, & par ſa qualité
ſeule de Souverain, à aimer, à
eſtimer ceux qui lui ſont ſoumis,
à deſirer leur bonheur, & par conſéquent à diriger ſa puiſſance vers
cet objet.

La vie du Souverain n'eſt point
néceſſaire à l'exiſtence des hommes qui lui ſont ſoumis ; ce n'eſt
point par l'ordre du Souverain
que le Soleil ſe leve, ſa vie n'eſt
point le principe ou la cauſe de
la fécondité de la terre : cependant tout veille à ſa conſervation,
elle eſt l'objet des vœux de tous
les ſujets, & au moindre péril chaque Citoyen tremble pour la vie
de ſon Souverain comme pour ſa

propre vie. Le Souverain se voit
donc au milieu de ses sujets, comme un pere au milieu d'une famille qui le chérit; or il est impossible
qu'un homme se voie aimé par un
autre homme, comme un pere est
aimé par son fils, sans l'aimer comme un pere aime son fils. Le Souverain aime donc naturellement ses
sujets, non-seulement comme de
vrais & fidéles amis, mais encore
comme des enfants tendres. Il est
donc porté à faire pour ses sujets
tout ce qu'un ami fait pour son
ami; tout ce qu'un pere fait pour
ses enfants, & par conséquent à
diriger toute sa puissance vers le
bonheur général de la société qu'il
gouverne.

Chaque jour ces sentiments se
renouvellent, les hommages qu'on
rend au Souverain, les tributs qu'on
lui apporte, le cortége qui l'envi-
ronne, la magnificence qui l'ac-
compagne, les ordres qu'il donne,

les foins du gouvernement lui mettent fans ceffe devant les yeux,
le refpect, l'amour filial de fes fujets; il n'eft donc point d'inftant
où la Nature ne dirige la puiffance fouveraine vers le bonheur des
fujets.

Le peuple qui éprouve la bienfaifance de fon Souverain en eft
vivement touché; il oublie les
obligations de la fouveraineté,
pour ne s'occuper que de la bonté du Souverain; il femble qu'il
craint que l'idée du devoir unie
aux foins que le Souverain prend,
& au bien qu'il fait, n'altére fon
amour & fa reconnoiffance; il ne
penfe pas que le Souverain lui
doive rien, il met au nombre des
bienfaits tout ce qu'il fait pour la
fociété; il l'annonce à toutes les
nations, il veut que des monu-
ments publics en inftruifent les
races futures, que l'hiftoire l'apprenne à tous les peuples & à tous

les fiécles. Le Souverain bienfaiſant jouit de l'eſtime & de l'amour de tous ſes ſujets & de leurs deſcendants: ainſi le deſir de l'eſtime agit puiſſamment ſur le cœur du Souverain pour l'engager à conſacrer ſa puiſſance au bonheur de ſa nation.

Par ce que nous avons dit ſur la ſenſibilité de l'homme pour ſes ſemblables, il éprouve du plaiſir lorſqu'il les voit heureux, & ſurtout lorſqu'il procure leur bonheur. Par ce que nous avons dit ſur la reconnoiſſance, il éprouve du plaiſir lorſqu'il en eſt l'objet; ainſi, l'amour du bonheur & du plaiſir porte ſans ceſſe le Souverain à rendre ſes ſujets heureux, & à faire naître dans leur cœur le ſentiment de la reconnoiſſance.

La reconnoiſſance que le peuple éprouve pour le Souverain bienfaiſant, ſon admiration, ſon amour, ſon dévouement, ſon bonheur même , procurent donc au Souverain une satisfaction conti-nuelle , & la plus touchante que l'homme puisse éprouver. Il res-sent à la fois & sans cesse , les plaisirs d'un pere tendre & adoré par ses enfants , & qui les rend heureux ; d'un ami chéri par ses amis dont il procure le bonheur ; sans cesse il est l'objet de l'estime, de la vénération , des éloges du public. Le Souverain qui consa-cre sa puissance au bonheur de la société , éprouve donc le plus grand bonheur dont l'homme soit capable.

Il n'a reçu de la Nature aucun besoin qui rende nécessaire à son bonheur le mal de ses sujets. Elle ne donne pas aux Souverains, aux hommes chargés de gouverner, d'autres besoins, d'autres sens qu'à leurs sujets : elle ne crée point pour eux de nouveaux plaisirs , aucun besoin naturel ne les oblige à sacrifier le bonheur de leurs fujets, à leur bonheur perfonnel.

Enfin, par une loi immuable, la Nature éloigne la paix & le calme du Souverain qui facrifie à fes plaifirs & à fes paffions le bonheur de fes fujets; elle remplit fon ame d'ennui, de remords, d'inquiétudes & d'allarmes; elle couvre fes jours d'humiliation & d'opprobre.

Ainfi, tous les motifs qui peuvent porter l'homme à fe dévouer au bonheur des autres, & l'empêcher de leur faire du mal, fe réuniffent dans le Souverain pour le porter à confacrer fon pouvoir au bonheur général, & à n'en pas abufer pour fon bonheur perfonnel.

C'étoient ces motifs qui animoient les premiers Rois & les plus anciens Souverains; l'amour & la reconnoiffance qui en firent des Dieux, font des garants fûrs de la bonté de ces Souverains, &

leur amour & de leur zéle, pour
le bonheur de leurs sujets.

Les annales de la Chine offrent
mille exemples d'Empereurs qui
croyoient que la premiere de leurs
obligations étoit de procurer le
bonheur de leurs peuples ; on ne
les a point vus comme Brutus, im-
moler leurs enfans pour le salut
de la patrie, mais on les a vus sacrifier la tendresse paternelle & la
gloire de leur nom au plus grand
bonheur de leurs sujets, on les a
vus transporter la couronne Impé-
riale sur la tête des étrangers, parce qu'ils reconnoissoient en eux
plus de sagesse, & plus de talents
que dans leurs enfans ; ce n'est pas
un grand effort de vertu que d'éloigner du thrône un monstre qui des-
honore l'humanité, mais il faut une
vertu bien pure, un amour bien
vif du bien public pour ne pas voir
dans un fils vertueux, un mérite
supérieur à celui d'un étranger,

& telle fut la vertu des premiers Empereurs de la Chine.

On a vu les Empereurs préférer le bonheur de l'Etat à leur propre conservation. Dans les sacrifices que *Van-ti* offroit au ciel, ses premiers vœux avoient pour objet la félicité & le bonheur des peuples, ensuite la conservation de sa personne.

» Nos anciens & sages Rois, » dit cet Empereur, n'avoient dans » les cérémonies du *Chang-ti* aucu- » ne vûe d'intérêt, ils n'y deman- » mandoient point ce que l'on ap- » pelle félicité : ils étoient si éloi- » gnés de tout propre intérêt, qu'ils » laissoient leurs plus proches » parents pour élever un homme, » qui ne leur étoit rien, s'ils lui » trouvoient une sagesse singuliere » & une éminente vertu, & préfé- » roient les sages conseils d'autrui » à leurs plus naturelles inclina- » tions : rien de plus sage & de plus » beau

»beau que le désintéressement de
»ces grands Princes : aujourd'hui
»j'apprends que plusieurs de mes
»Officiers font faire à l'envi des
»prieres pour demander du bon-
»heur, & ce bonheur ils le deman-
»dent pour ma personne. & non
»pas pour mon peuple, c'est ce
»que je ne puis goûter. Si j'ap-
»prouvois que ces Officiers peu
»attentifs à leurs devoirs, & peu
»zélés pour le bien des peuples
»s'occupassent ainsi uniquement
»du bonheur personnel d'un Prince
»aussi peu vertueux que je le suis,
»ce seroit en moi un défaut de
»plus, & un défaut considérable.
»J'ordonne donc que mes Offi-
»ciers, sans tant s'empresser à faire
»pour moi ces supplications d'ap-
»pareil, donnent toute l'applica-
»tion possible à bien s'acquitter
»de leur emploi (1).

_____

(1) Description de l'Empire de la Chine,
par le P. du Halde, t. 2. p. 394.

Je n'entrerai pas dans un plus grand détail sur ces Empereurs; mais je ne peux m'empêcher de rapporter une Ordonnance de l'Empereur *Tai-t-Song* qui prouve jusqu'où les Souverains de cet état portoient l'amour du bien public.

» Le fondement de toutes les
» vertus, dit-il, est la piété filiale,
» & est l'instruction la plus essen-
» tielle ; j'en ai reçu dans ma jeu-
» nesse de bonnes leçons, mon
» pere & ceux qu'il m'avoit don-
» nés pour maître, ne se bornoient

Après avoir rapporté cette Ordonnance, le Pere du Halde rapporte une réfléxion de l'Empereur *Can-hi* sur cette même déclaration. Elle est conçue en ces termes.

» C'est la vertu, & non la matiere qui rend
» l'Offrande agréable. Quand on s'applique
» tout de bon à la vertu, les dons du Ciel
» viennent d'eux-mêmes. Prétendre que les
» Officiers de l'Empire en faisant reciter seu-
» lement des formules de prieres, attirent du
» bonheur sur la personne du Prince, cela se
» peut-il ? *Van-ti* certainement avoit raison
» de blâmer un pareil abus. Du Halde, *ibid.*

»pas à me faire réciter le livre
» des rits & d'autres ; on m'y faisoit
» voir en même temps les grands
» principes d'où dépend le bien
» des Etats, & le gouvernement
» des peuples ; de-là est venu l'a-
» vantage que j'ai eu d'exterminer
» par une feule expédition tous
» les ennemis de l'Etat, & d'affurer
» aux peuples qui fortoient de l'op-
» preffion le repos & la liberté : au
» refte, j'ai toujours eu le cœur plein
» de bonté ; & fi pendant quelque
» temps j'ai fait paroître plus de
» juftice & de févérité que de clé-
» mence, c'eft que comme il y a
» des ennemis contre lefquels il
» faut néceffairement de la force
» & de la bravoüre, il eft auffi des
» criminels auxquels on ne peut
» abfolument faire grace : je n'ai
» eu en vue que le bien commun
» & le repos de l'Empire : la paf-
» fion n'a point eu de part à ce que
» j'ai fait : l'Empereur mon pere en

» fe retirant m'a chargé du gouver-
» nement, il a fallu obéir : comme
» j'en fens tout le poids je m'en oc-
» cupe tout entier, je fuis dans l'in-
» térieur de mon palais & avec les
» Reines comme dans un valon gla-
» cé : je paffe fouvent les nuits en-
» tieres fans dormir; je me léve avant
» le jour. Toutes mes penfées, &
» toutes mes paroles tendent à ré-
» pondre de mon mieux aux volon-
» tés du ciel, & aux intentions de
» mon pere : c'eft pour y réuffir, que
» plein de compaffion même pour
» ceux qui font des faures, je veux
» régler de nouveau les punitions,
» prévenir & foulager les miferes
» des peuples, punir & réprimer
» ceux qui les vexent, approcher
» de ma perfonne, mettre dans les
» emplois des gens de vertu & de
» mérite ; ouvrir le chemin large
» aux remontrances, ôter toute
» crainte à quiconque m'en vou-
» dra donner, afin d'acquérir s'il

» se peut chaque moment de nou-
» velles connoiſſances.

  » Mon attention à tout cela eſt
» ſi continuelle, que je ne me per-
» mets pas un jour de relâche :
» mon grand déſir, ſeroit que tout
» fût dans l'ordre. Que tous mes
» ſujets ſuiviſſent en tout la raiſon;
» & fuſſent ſolidement vertueux;
» auſſi quand je vois quelque cho-
» ſe hors de ſa place, & quelqu'un
» de mes ſujets vicieux, je m'en
» prends d'abord à moi-même &
» au peu de talent que j'ai pour les
» bien inſtruire & pour les corri-
» ger efficacement : c'eſt avec rai-
» ſon que je le fais; car enfin,
» *Chu-King* dit, La vertu quand
» elle eſt tout à fait ſincere & ſo-
» lide, touche les eſprits : que ne
» pourra-t-elle point ſur les peu-
» ples ? On me rapporte de divers
» endroits que les peuples rentrent
» dans le devoir, que les vols de-
» viennent plus rares, & que les

» prisons de plusieurs Villes se trou-
» vent vuides : j'apprends ces nou-
» velles avec plaisir, mais je n'ai
» garde de les attribuer à mes soins,
» & à mes exemples. Voici les ré-
» flexions que je fais.

» On est las, me dis-je à moi mê-
» me, des troubles & des rapines ;
» on se remet dans le chemin de
» la vertu ; il faut tâcher de pro-
» fiter de ces heureuses disposi-
» tions, pour convertir tout l'Em-
» pire : mes expéditions Militaires
» m'ont fait parcourir une bonne
» partie des Provinces ; chaque
» Village que je trouvois, je sou-
» pirois en me frappant la poitrine
» sur la misere des pauvres peu-
» ples : instruit par mes propres
» yeux, je ne permets pas qu'on
» occupe un seul homme à des cor-
» vées inutiles. Je travaille de mon
» mieux à mettre tous mes sujets à
» l'aise, afin que les parents soient
» plus en état de bien élever leurs

» enfants, & que les enfants à leur
» tour s'acquittent mieux de tous
» leurs devoirs à l'égard de leurs pa-
» rents, & qu'avec la piété filiale
» toutes les autres vertus fleurissent.

» Pour faire connoître à tout
» l'Empire que je n'ai rien de plus
» à cœur en publiant cette Ordon-
» nance, qu'on donne dans cha-
» que district, en mon nom, & de
» ma part à ceux qui se distinguent
» par leur piété filiale cinq char-
» ges de ris, &c.

Minos, Lycurgue, Zamolxis,
Zaleucus, se dévouerent au bonheur des peuples qui reçurent leurs
Loix : quelques - uns même firent
les plus grands sacrifices pour rendre immuables ces Loix à l'observation desquelles ils croyoient que
la félicité publique étoit attachée.

Lycurgue charmé des effets de
ses loix, convaincu de leur bonté,
cherchant, autant que cela dépendoit de la prudence humaine, le

moyen de les rendre immuables; fit affembler le peuple : il lui repréfenta que la police qu'il avoit établie, lui paroiffoit fuffifante dans tous fes chefs pour rendre la Ville heureufe, & les citoyens vertueux; il leur déclara qu'il y avoit pourtant un point qui étoit le plus effentiel & le plus important, mais qu'il ne pouvoit le leur communiquer avant que d'avoir confulté l'oracle d'Apollon; qu'ils devoient donc obferver fes Loix fans y rien changer, ni altérer jufqu'à ce qu'il fût de retour de Delphes, & qu'alors il exécuteroit ce que le Dieu lui auroit ordonné : ils promirent tous d'obéir, & le prierent de hâter fon voyage : avant de partir il fit jurer les deux Rois, les Sénateurs & enfuite tout le peuple.

Quand il fut arrivé à Delphes, il fit un facrifice à Apollon, & après fon facrifice il lui demanda

st ses Loix étoient bonnes & suffi-
santes pour rendre les Spartiates
heureux & vertueux : Apollon
lui répondit qu'il ne manquoit
rien à ses Loix, & que pendant
que Sparte les obserueroit, elle
seroit la plus glorieuse Cité du
monde, & jouiroit d'une parfaite
félicité : Lycurgue fit écrite cette
Prophétie; l'envoya à Sparte; &
après avoir fait un sacrifice, em-
brassa son fils, & tous ses amis; &
pour ne jamais dégager les La-
cédémoniens du serment qu'ils
avoient fait d'observer ses Loix
jusqu'à son retour, il resolut de
mourir volontairement à Delphes, & y mourut en effet en
s'abstenant de manger (1).

Zamolxis ayant donné des
mœurs aux Thraces, se retira pendant trois ans dans une caverne,
& en sortit pour les confirmer dans

_____

(1) Plutar, vie de Lycurgue.

la croyance du dogme de l'immortalité de l'ame (1).

Zaleucus donna des Loix aux Locriens ; une de ces Loix condamnoit tout homme coupable d'adultere, à perdre les yeux ; le fils de Zaleucus fut accusé & convaincu de ce crime : les Locriens vouloient lui faire grace, Zaleucus s'y opposa ; mais ne pouvant résister aux instances du peuple, il se fit arracher un œil, & en fit arracher un à son fils (2).

Charondas donna aux Thuriens les meilleures Loix qu'il put, & il en regardoit l'exécution comme le principe fondamental de la paix & de la félicité publique ; étant allé à la campagne avec une épée pour se défendre des voleurs sur le chemin, il trouva à son retour l'assemblée du peuple en trouble & en division :

_____

(1) Hérodot. *l. 4. c.* 94.
(2) Diod. *l.* 12. Val. Max. *l.* 6. c. 5.

il s'avança d'abord pour tâcher
d'appaiſer ce tumulte : il avoit
défendu dans ſes Loix d'entrer jamais avec aucune arme dans ces
aſſemblées ; mais ayant oublié qu'il
portoit une épée, il donna invo-
lontairément à ſes ennemis un ſujet de reproche : l'un d'eux lui dit
publiquement qu'il violoit ſa propre Loi : au contraire, répondit
Charondas, je prétends la confirmer ; auſſi-tôt tirant ſon épée il ſe
l'enfonça dans le cœur (1).

Lorſque les Dariens & les Hera-
clides réunis, étoient ſur le point
d'envahir l'Attique, Codrus, Roi
d'Athènes, conſulta l'Oracle qui
répondit, qu'il ne pouvoit con-
ſerver l'Attique qu'en mourant de
la main des ennemis. La réponſe
de l'Oracle eſt portée à Athènes ;
elle paſſe dans l'armée ennemie,
on y défend ſous les plus grandes

---

peines de frapper Codrus. Codrus
l'apprend, il se déguise en buche-
ron, sort secretement de la ville,
se mêle dans un détachement de
fourageurs, entre avec eux dans
le camp des Dariens & des Hera-
clides, cherche querelle à un soldat, le blesse d'un coup de faux,
le soldat en fureur le tue (1).

Othon aima mieux mourir que
de conserver l'Empire aux dépens
de la vie des Romains qui l'a-
voient choisi Empereur.

» Mes compagnons, dit-il aux
» Romains & à tous les soldats qui
» vouloient mourir pour lui, je ré-
» garde cette journée comme bien
» plus heureuse pour moi, que
» celle dans laquelle vous me dé-
» clarates votre Empereur, puis-
» que je vous vois dans des dispo-
» sitions si favorables & que je re-
» çois de si grandes marques de

_____

(1) Val. Max. *l.* 5. *c.* 6. Justin. *l.* 2. *c.* 6.

» votre affection ; mais j'en attends
» de vous une plus grande enco-
» re, & je vous prie de ne me la
» pas refuser ; c'est de permettre
» que je meure généreusement
» pour tant de braves Citoyens
» que vous êtes. Si j'ai été vérita-
» blement digne de l'Empire Ro-
» main, il faut que je le fasse voir
» présentement, en donnant tout
» mon sang pour ma patrie ; je
» sais bien que la victoire n'est ni
» entiere, ni bien assurée pour nos
» ennemis ; j'ai des nouvelles que
» l'armée de Mysie qui vient à no-
» tre secours n'est plus qu'à quel-
» ques journées d'ici ; l'Asie, la Sy-
» rie, l'Egypte viennent sur la mer
» Adriatique, les armées qui fai-
» soient la guerre en Judée sont
» pour nous ; le Sénat est de notre
» côté ; les femmes & les enfants de
» nos ennemis sont en nos mains :
» mais la guerre que nous faisons,
» ce n'est ni contre un Annibal,

»ni contre Pyrrhus, ni contre les
»Cimbres, pour voir qui demeu-
»rera maître de l'Italie; c'eſt con-
»tre les Romains même, que nous
»combattons; de ſorte que vain-
»queurs ou vaincus nous ruinons
»également notre patrie; car de
»quelque côté que tourne la vic-
»toire c'eſt toujours aux dépens
»de Rome, c'eſt Rome ſeule qui
»en ſouffre. Croyez que je ſais
»mourir plus glorieuſement que
»je ne ſais régner; car je ne vois
»point que par ma victoire je puiſ-
»ſe jamais procurer aux Romains
»un auſſi grand avantage que ce-
»lui que je leur procurerai par ma
»mort, en me ſacrifiant pour la
»paix & pour la concorde, & pour
»empêcher l'Italie de voir une au-
»tre journée auſſi malheureuſe que
»celle-ci (1).

Après avoir prononcé ce diſ-

_____

(1) Vie d'Othon, Tacit. hiſt. l. 2.

cours d'un air assuré, & avec un
visage sur lequel étoient peintes
la constance & la gaieté, il pour-
vut à la sureté de tous ses amis,
dormit une partie de la nuit fort
tranquillement, & se donna la
mort au point du jour (1).

Il existe donc en effet, dans le
cœur des Souverains, ce retour
d'attachement & de zéle qui les
porte à consacrer leur puissance
au bonheur des hommes soumis
à leur gouvernement, il est l'effet
naturel de la soumission du sujet :
c'est le vrai contrat social, le pac-
te que la nature fait elle-même,
entre le Souverain & les sujets,
elle le grave dans le cœur de tous
les Souverains, & on le trouve
dans presque toutes les sociétés.

Les Rois d'Egypte, en installant
un Juge dans son Office, lui
faisoient jurer que, quand même

_____

(1) *Ibid.*

ils lui ordonneroient de juger injustement, il ne le feroit pas (1).

Antiochus le Grand, obligeoit
par serment tous les Magistrats
& tous les Officiers de ne lui point
obéir s'il violoit les Loix, s'il leur
commandoit des choses injus-
tes (2).

Nos Rois tous puissants sur leurs
peuples, ont pris des précautions
pour que leur puissance ne soit
jamais contraire au bonheur des
peuples.

»Un Roi qui tient les rênes du
»gouvernement dans un Royau-
»meformé, disoit Jacques I, cesse
»d'être Roi, & devient tyran dès
»qu'il cesse dans son gouverne-
»nement d'agir conformément
»aux Loix. Ainsi tous les Rois qui
»ne seront pas tyrans, ou parju-

_____

(1) Plutar. dits des anciens Rois.
(2) Tit. Liv. l. 37. Justin; l. 31. Val. Max.
l. 4. c. 3.

»res, feront bien aifes de fe con-
»tenir dans les limites de leurs
»Loix, & ceux qui leur perfuadent
»le contraire, font des víperes &
»une pefte fatale tant au regard
»des Rois eux-mêmes, qu'au re-
»gard de l'Etat (1).

Philippe II lui même tout jaloux qu'il étoit de fon pouvoir,
ne le crut point fans bornes : un
Docteur Efpagnol ayant prêché
devant ce Monarque, que les
Souverains avoient un pouvoir
abfolu fur la vie & fur les biens de
leurs fujets, le Docteur fut obligé
de s'en dédire le lendemain comme d'une propofition fauffe &
hérétique (2).

Il en eft ainfi de toutes les fociétés : la puiffance qui gouverne

---

(1) Difcours de Jacques I. au Parlement
d'Angleterre en 1609, rapporté par Loke
Gouvern. Civil. 10.
(2) La Mothe, le Vayer fur l'inftruct. de
M. le Dauphin, *t. 1. p.* 100.

peut fe tromper dans les moyens
qu'elle emploie pour procurer le
bonheur général & commun ;
mais il eft fon objet effentiel, &
il doit être celui de tous ceux qui
exercent quelque portion de l'autorité fouveraine & qui aiment le
Souverain & fon Etat.

En effet cette puiffance n'exifte
que par les forces des fujets qui lui
font foumis, par leur amour pour
la chofe publique, par leur zèle
pour fa gloire & pour fa conferva-
tion : mais pour que le fujet éprouve ces fentiments pour fa patrie,
pour la puiffance qui le gouverne,
il faut qu'il foit heureux : il n'eft
point de Magiftrat, ou de Souverain qui ne le reconnoiffe, & par-
conféquent il n'en eft point qui
ne foit déterminé par fon intérêt
perfonnel à procurer le bonheur
général quand il n'y feroit pas porté par fentiment, par humanité &
par amour pour les peuples fou-

mis à sa puissance : on trouve peu
de despotes éclairés, qui ne veuil-
lent faire régner l'ordre dans leurs
Etats, & qui n'en sentent la nécessité.

Toute société où le bonheur de
la puissance qui gouverne est contraire au bonheur général, tend
donc à se dissoudre : ainsi l'homme
dépositaire de la puissance suprême est porté par ses inclinations
naturelles, par ses besoins, par son
intérêt, à s'efforcer de procurer le
bonheur général de la société qu'il
gouverne ; le malheur le rappelle
à cet objet s'il s'en écarte, & si le
malheur ne le corrige pas ; ses
propres désordres anéantissent son
pouvoir.

Voila les objets qu'il faut montrer aux Princes qui sont destinés
à régner, voila les principes que
le Cardinal Mazarin opposoit aux
passions de Louis XIV, lorsqu'elles
lui faisoient oublier ce qu'il se de-

voit & ce qu'il devoit à ses peuples.

» Dieu, lui disoit-il, a établi les
» Rois, (après ce qui regarde la
» Religion, pour le soutien de la-
» quelle ils doivent faire toutes
» choses) pour veiller au bien, à
» la sureté & aux repos de leurs
» sujets, & non pas pour sacrifier
» ce bien là & ce repos à leurs pas-
» sions particulieres ; & quand il
» s'en est trouvé d'assez malheu-
» reux qui aient obligé par leur
» conduite, la providence Divine
» à les abandonner, les histoires
» sont pleines des révolutions &
» des accablements qu'ils ont atti-
» ré sur leurs personnes & sur leurs
» sujets.

» C'est pourquoi je vous le dis
» hardiment, qu'il n'est plus temps
» d'hésiter, & que, quoique vous
» soyez le maître en un certain
» sens de faire ce que bon vous
» semble, neanmoins vous devez

»compte à Dieu de vos actions
»pour votre salut & au monde
»pour le soutien de votre gloire
»& de votre réputation ; car quel-
»que chose que vous fassiez, il en
»jugera selon que vous lui en don-
»nerez occasion (1).

Il lui annonce ensuite le bou-
leversement qu'il causera dans son
Royaume s'il sacrifie la paix & le
bonheur de son peuple à la passion
qu'il a pour Marie Mancini.

Mais il ne suffit pas d'effrayer
les Souverains par les effets de l'a-
bus de leur puissance, il faut, pour
leur propre bonheur faire naître
dans leur cœur le sentiment de
l'amour paternel pour leurs sujets,
leur faire envisager les hommes
qu'ils gouvernent sous tous les
rapports qui peuvent produire ce
sentiment ; il faut qu'il les voient
comme des enfants soumis par

_____

(1) Lettres du Card. Mazarin. t. i. p. 70.

tendreſſe, & non pas comme des
eſclaves ſubjugués par la force &
contenus par la crainte : il faut
leur faire connoître leur égalité
naturelle avec tous leurs ſujets,
leur foibleſſe naturelle en compa-
raiſon des forces de cette multitude innombrables d'hommes qui
cependant obéïſſent à leurs ordres, reſpectent leurs volontés, &
parmi leſquels il n'en eſt aucun
qui ne ſacrifiât ſa fortune & ſa vie
pour leur conſervation, pour leur
gloire, pour mériter leur eſtime,
pour leur plaire : le Souverain
qui enviſage ſes ſujets ſous ce point
de vue, jouït du plus grand bonheur dont l'homme ſoit capable
naturellement ſur la terre, tous
les ſoins qu'il donne au gouvernement ſont des plaiſirs ; ſon cœur,
comme nous l'avons dit, éprouve
ſans ceſſe la ſatisfaction d'un bienfaiteur que la reconnoiſſance éle-
ve au-deſſus de tous les hommes, &

goûte les délices d'un pere tendre
au milieu d'une famille qui le chérit & qu'il rend heureuse. Qu'on
me montre dans l'histoire un Souverain heureux & puissant, sans
cette bonté tendre, qui traite les
sujets comme des enfants ?

SECTION CINQUIEME.

L'homme est susceptible de Morale.

CHAPITRE PREMIER.

De la Nature, & de l'objet de la Morale.

LE bonheur est la fin de tous les hommes, chacun y tend par les moyens qui lui paroissent les plus propres à y conduire relativement aux circonstances dans lesquelles il se trouve. Chacun regarde comme la route & comme la source du bonheur les actions & les objets qui l'ont rendu heureux.

Ainsi, pour me servir d'un exemple grossierement sensible,

l'homme

l'homme que le malheur de sa
condition oblige à des travaux
qui épuisent ses forces, a recours
aux liqueurs spiritueuses & enivrantes, pour réparer ses forces &
pour suspendre le mal-aise que
cause l'épuisement. Recommen-
çant sans cesse ce cercle de fati-
gues, & presque toujours dans
l'épuisement, il est déterminé à
recourir sans cesse au vin, aux
liqueurs enivrantes, comme à
l'unique moyen de se dérober à
la douleur de l'épuisement. Comme il hait nécessairement le mal-
aise, & qu'il aime le bonheur ; il
est déterminé par ces deux motifs
à s'enivrer, toutes les fois qu'il
le peut ; lors même qu'il n'a pas
besoin de réparer ses forces, il a
besoin d'être heureux, & il ne
connoît point d'autre moyen de
l'être, qu'en se procurant cette espéce de force momentanée
que donnent les liqueurs eni-

vrantes. L'ivreſſe eſt l'oubli où l'ignorance de ſon malheur, & le bonheur de ce miſérable eſt d'ignorer l'horreur de ſon ſort.

Ainſi, l'homme que ſa condition n'oblige point à ces travaux, mais qui ſans avoir éprouvé le malheur de l'indigence, a ſenti l'éguillon du beſoin, les déſagrémens de la médiocrité, s'eſt occupé des moyens de s'enrichir, parce qu'il a régardé les richeſſes comme le moyen de s'arracher au malheur & d'arriver au bonheur. Chaque acquiſition qu'il a faite à été un pas vers le bonheur ; cette acquiſition en l'approchant du bonheur lui a procuré un plaiſir, elle eſt devenue elle-même une ſource de bonheur. Toutes ſes forces, toute ſon induſtrie, tous ſes talents ſe ſont dirigés naturellement vers l'acquiſition des richeſſes, comme vers le vrai bonheur ; il n'en a point connu d'au-

tre, il eſt devenu avare, avide &
inſatiable, comme le porte-faix
eſt devenu ivrogne. Le beſoin
qu'il a d'être heureux le porte ſans
ceſſe vers les richeſſes.

Ainſi, l'homme d'un état ſubal-
terne qui a ſouffert de la ſupériorité des autres, cherche à s'élever,
& regarde comme un bonheur,
tout ce qui le tire de l'humiliation dans laquelle il gémit. Il regarde l'élévation au-deſſus de ſon
état, comme la ſource du bonheur; chaque pas qu'il fait vers
cette élévation, l'approche du
bonheur, lui procure un plaiſir
& le rend par conſéquent heureux pour ce moment. Toutes ſes
facultés, tous ſes vœux ſe tour-
nent vers les moyens d'acquérir
de nouvelles diſtinctions; il ne
s'eſt point ouvert d'autres ſources
de bonheur; le deſir qu'il a d'être
heureux qui agit ſans ceſſe & invinciblement en lui, forme ſans

H 2

cesse de nouveaux projets d'élévation & de grandeur.

Ainsi autrefois, l'homme qui avoit de la naissance, & dont l'esprit n'avoit été occupé dans sa jeunesse que des avantages de sa naissance, la regardoit comme le souverain bonheur, il vouloit que tout la lui rappellât ; que tout l'en entretînt ; que ses meubles, ses vitres armoriées, ses flatteurs, ses complaisants, le cortége de ses domestiques, ses profusions & son ignorance même ne lui permissent pas de la perdre de vue.

En un mot chacun se fait un système de bonheur & attend sa félicité de la possession d'un objet auquel il tend constamment, invariablement & sans relâche, parce que l'homme veut constamment & incessamment être heureux.

Cette disposition de chaque homme qui le fait tendre cons-

tamment vers un certain objet
dont il attend son bonheur, & qui
lui fait trouver du plaisir dans les
efforts même qu'il fait pour l'obtenir, est ce que l'on nomme caractere (1).

_____

(1) Ce que l'on dit ici du caractere en général, donne la raison du plaisir que cause un
beau drame.

Tout homme qui a un caractere s'est ouvert
une route de bonheur inconnue aux autres, il
voit dans l'objet qu'il desire, une infinité de
qualités & d'avantages que les autres hommes
n'y voient pas; il connoît pour l'obtenir une
infinité de moyens qui ne se sont jamais offerts
à l'esprit des autres. Tout ce qui a rapport à
cet objet lui paroît grand, il est sa fin der-
niere, il n'agit que pour y arriver.

Si l'objet est grand, sublime, le caractere
de cet homme éléve l'ame du spectateur, l'é-
chauffe & la remplit d'un sentiment fort qui
agrandit l'homme à ses propres yeux, qui de-
veloppe en lui des perfections qu'il ne connoissoit pas; tels sont les effets de la Tragédie
de Cinna, de Polyeucte, &c.

Lorsque cet objet est petit & peu intéressant
pour la société, les autres hommes qui n'atta-
chent point leur bonheur à cet objet, sont
étonnés des ressources de cet homme pour se
le procurer, & plus étonnés encore de ce qu'il

H 3

Les actions par lesquelles l'homme tend à l'objet de son bonheur, s'appellent mœurs, c'est-à-dire coûtumes, habitudes, & c'est pour cela que la partie de la philosophie qui dirige les actions vers le bonheur, se nomme Morale, c'est-à-dire l'art de former dans l'homme un certain caractere, de faire ensorte qu'il soit un, & non pas multiplie, pour me servir des expressions de Seneque.

L'homme est donc susceptible de Morale, si l'on peut lui donner un caractere qui le fasse cher-

---

regarde comme un bonheur suprême, de posséder ce qui les touche si peu. Cet homme leur paroît donc ridicule par l'idée gigantesque qu'il se fait de l'objet de son bonheur, par l'opiniatreté avec laquelle il y tend, par l'importance qu'il attache aux plus petites choses qui ont quelque rapport à cet objet. Ce spectacle n'agrandit pas le spectateur, mais il lui fait voir un homme plus petit que lui, qui a des défauts dont il est exempt, le plaisir que procure cette vue est de la gaieté: cette espece de caractere fait rire.

cher & trouver le bonheur dans
la pratique des vertus sociales, si
l'on peut le corriger lorsqu'il s'écarte de ce caractere.

CHAPITRE II.

*L'homme peut être déterminé par
son caractere, à chercher le bonheur dans la pratique des vertus sociales.*

C'EST la main de la Nature qui
forme les premiers traits du caractere social dans l'homme. Elle le
fait naître dans un état de foiblesse
qui intéresse, qui attendrit ceux
qui lui ont donné la vie, & tous
ceux qui entendent ses cris. Les
premiers sentimens qu'il éprouve, lui annoncent qu'il est envi-
ronné de bienfaiteurs & d'amis;
les premiers mouvemens de son
cœur le portent vers eux ; les

premieres penſées de ſon eſprit
lui découvrent le beſoin qu'il a
de leur bienveillance & de leur
conſervation ; le premier amour
réfléchi eſt pour eux , il les connoît comme la ſource de ſon bonheur, comme l'appui de ſon exiſtence ; il les chérit , il les aime , il
regarde comme le plus grand des
malheurs , de s'en ſéparer ou de
les perdre.

La nature a rendu l'enfance de
l'homme extrêmement longue : le
retour continuel de ſes beſoins &
des bienfaits de ceux avec leſquels
il vit , produit dans ſon cœur l'habitude de l'attachement , de la
reconnoiſſance , du deſir d'être
utile à ſes bienfaiteurs ; il éprouve
du plaiſir dans les petits ſervices
qu'il rend , & le ſentiment de la
bienfaiſance ſe développe en lui :
il a un deſir ſi ardent du bonheur ,
& ſi peu de reſſources pour le ſatisfaire , qu'il eſt ramené preſque

fans cesse, par ce desir aux actes
de bienfaisance qui lui ont procuré du plaisir : la bienfaisance devient la premiere de ses habitudes, il fait qu'elle est une source
de bonheur avant qu'il puisse raisonner : il est bienfaisant presque
par instinct.

Il semble que l'enfance dont
nous nous plaignons , ne soit
qu'une longue préparation à la
bienfaisance, une espéce de no-
viciat pour la société , un temps
destiné à former dans l'homme le
caractere social , à y rendre l'a-
mour de ses semblables un sentiment habituel, un principe dominant, chargé de diriger toutes ses
actions vers le bonheur général
de la société.

Lorsqu'il est capable de réfléchir, il voit qu'il est au milieu
d'une société qui ne subsiste , que
par une bienfaisance réciproque.

A mesure que ses forces augmen-

H 5

tent, & que ses services deviennent plus utiles, il excite l'attention
des autres hommes, il devient
l'objet de leur reconnoissance &
de leur estime : il voit donc la
bienfaisance, non seulement comme une source de plaisir ; mais
encore comme la qualité la plus
avantageuse à l'homme, il s'unit à
tous les hommes par l'estime, par
la reconnoissance qu'il produit en
sa faveur & qu'il éprouve pour les
autres, par l'amitié qu'il inspire &
qu'il ressent : il craint de déplaire,
son esprit s'éclaire, la curiosité
étend ses idées, il réfléchit, il découvre au dedans de lui même,
une loi, une régle, un juge, la
conscience qui approuve &
récompense toutes les actions
utiles au bonheur des autres, qui
condamne toutes les actions nuisi-
bles.

Le temps & les besoins déve-
lopent presque seuls ces traits du

caractere social dans l'homme.

La Nature ne borne pas là ses soins ; elle attache le bonheur à la pratique des vertus sociales ; aucun besoin ne force l'homme à s'écarter de la route que la Nature prescrit vers le bonheur, & à changer le caractere primitif qu'elle lui donne : au contraire, il ne peut s'en écarter sans rencontrer le malheur qui le repousse sans cesse vers la pratique des vertus sociales : il n'est donc point de caractere plus naturel à l'homme , & qu'il puisse prendre plus facilement que le caractere social : il ne faut pour cela que suivre les penchants & les inclinations que donne la Nature : notre cœur, notre raison, notre organisation, tout ce qui nous environne, concourt à nous faire prendre ce caractere.

Le caractere social se forme bien plus facilement encore , & devient en quelque sorte immuable, lors-

que les parents & les maîtres sça-
vent mettre en usage les dispositions naturelles dont nous venons
de parler.

L'enfant, comme nous l'avons
dit, est naturellement imitateur :
désirant d'ailleurs d'être heureux,
& ne connoissant point par son
expérience personnelle les objets
auxquels le bonheur est attaché,
la Nature lui donne cette disposition à imiter, afin de le rendre
heureux, avant que par son expérience il puisse le devenir, & afin
qu'il se fasse un bonheur conforme au bonheur des autres hommes: son désœuvrement, le besoin
continuel qu'il a d'être heureux
& de s'occuper, sa disposition organique à imiter, font qu'il s'ef-
force continuellement pour imiter, pour copier, pour faire tout
ce qu'il voit faire : ainsi, sans qu'on
s'en apperçoive, & avant qu'il
puisse réfléchir, l'enfant s'essaie

fans ceffe à prendre les airs, les
attitudes, les manieres de fes parents ou de ceux qui prennent foin
de lui : fes organes flexibles fe
moulent, pour ainfi dire, fur ces
modéles ; il paroît avoir reçû en
naiffant, & tenir de la Nature
cette reffemblance avèc fes parents.

Lorfque nous avons parlé de la
fenfibilité de l'homme, nous avons
vu qu'il y a des fentiments qui ré-
pondent naturellement aux cris,
aux mouvements, aux geftes :
ainfi l'enfant par une fuite de l'effort qu'il fait pour imiter, prend
l'habitude non feulement des geftes ; mais encore des fentiments
qui les accompagnent.

Comme c'eft par un travail fecret & caché que l'enfant prend
ces attitudes, ces mouvements,
ces airs, ces manieres & les fentiments de douceur ou de rudeffe,
de colére ou de tranquillité, de

chagrin ou de sérénité qui les accompagnent, on imagine qu'il les
tient de la Nature, ou de les parents.

Voilà l'origine de ce que l'on
nomme le caractere national, que
l'on croit attaché au climat, &
donné, pour ainsi dire, par l'air
qu'on respire : non que le climat
ne contribue à former les mœurs
des peuples ; mais ce n'est point
par une influence immédiate sur
les esprits.

Ainsi l'enfant aussi-tôt que ses
yeux s'ouvrent à la lumiere, &
dans les premieres années de sa
vie, peut prendre l'habitude de
l'humanité, de la douceur & de
la bienfaisance.

Par une suite de sa foiblesse &
de son éducation l'enfant prend
naturellement pour ses parents,
une confiance sans réserve, il aime tout ce qu'ils aiment, il hait
tout ce qu'ils haïssent, il estime

tout ce qu'ils estiment, il méprise
tout ce qu'ils méprisent : presque
par une suite de son organisation
il les regarde comme des divini-
tés bienfaisantes, il regarde comme des Loix, comme des vérités
sacrées, toutes leurs maximes,
tous leurs préceptes, tous leurs
conseils. Toutes les paroles, toutes
les pensées d'un pere sage se con-
servent dans sa famille comme un
patrimoine, comme un dépôt sa-
cré, comme un bien substitué à
toute sa postérité. C'est par ces
maximes que l'on donne de la
consistance au caractere primitif
que l'imitation a formé dans l'enfant, avec le secours des instruc-
tions & des exemples : les affections données par les parents sont
presqu'aussi durables que les inclinations naturelles : on pourroit
donc dans l'éducation donner aux
hommes un caractere social, on
pourroit leur inspirer une aversion

infurmontable pour le mal nuifible à la fociété, on pourroit rendre la pratique des vertus fociales
néceffaire à leur bonheur, cha-
cuns dans l'état où ils feroient
placés.

C'eft ce pouvoir de l'éducation,
cet Empire de la conduite & de
l'inftruction des parents fur les efprits & fur les mœurs des enfants,
qui donne aux familles différentes, des caracteres particuliers, &
qui rendent en quelque forte la
probité, la vertu, l'honneur héréditaires dans certaines familles, &
c'eft vraifemblablement l'origine
dés familles nobles, le premier &
le feul motif raifonnable des diftinctions héréditaires.

Ce que nous difons fur la facilité d'imprimer aux enfants un caractere focial, eft confirmé par
l'expérience de toutes les Nations:
on trouve dans l'hiftoire des exemples d'une patience héroïque don-

née par l'éducation à de jeunes
gens & même à des enfants.

Alexandre offrant un facrifice,
un charbon tomba de l'encenfoir
dans la manche d'un jeune homme qui felon l'ufage accompa-
gnoit le Roi : le charbon le brûla
tellement, que l'odeur de la chair
brûlée frappa tous les affiftants ;
& cependant il refta immobile fans
faire le moindre mouvement, ou
la moindre plainte, de peur d'in-
terrompre le facrifice (1).

Il étoit honteux à Sparte de
pleurer, ou de fe plaindre, & l'on
a vu des enfants expirer fous les
coups de verges fans dire une feule parole.

Il étoit permis à Sparte de voler,
mais il étoit honteux d'être décou-
vert ; & l'on a vu un enfant qui
avoit volé un renard & qui l'avoit
caché fous fa robe, fe laiffer ron-

(1) Val. Max. *l.* 3. *c.* 8.

ger les entrailles par cet animal, & enfin expirer de douleur sans avoir jetté un seul cri (1).

Les Gymnosophistes étoient sans cesse occupés à chercher l'occasion d'être utiles, ils regardoient comme un vol fait à la Nature, un fruit, un aliment qu'ils auroient mangé sans l'avoir mérité par un service rendu aux autres hommes: lorsqu'on s'assembloit pour manger, les anciens interrogeoient les jeunes gens & leur demandoient ce qu'ils avoient fait de bien depuis le soleil ; s'ils n'avoient rien fait, ils sortoient & alloient chercher l'occasion de faire quelque bonne action (2).

Ce caractere qui fait que l'homme cherche constamment son bonheur dans la pratique des vertus sociales ; Minos, Lycurgue, le

_____

(1) Plutar. vie de Lycurgue.
(2) Strab. l. 14. Apulée Florid.

donnerent aux Cretois, aux Spartiates; Charondas le donna aux
Thuriens, Zaleucus aux Locriens;
Numa le donna aux Romains, &
ce caractere s'est conservé parmi
eux, jusqu'à ce que les guerres
étrangeres y aient porté la corruption & le luxe.

Malgré sa corruption, Rome
n'eut-elle pas toujours des Citoyens qui ne connoissoient de
bonheur que celui qui naît des
vertus sociales? Ne vit-on pas de
ces hommes, dans tous les temps
de la République, & même dans
l'Empire (1)?

Ce caractere existe chez les
Chinois depuis trois mille ans.
Pendant cette longue suite d'années, la nation a éprouvé des révolutions, elle a été conquise par
des nations barbares, sans abandonner ses rits & ses mœurs.

---

(1) Voyez les Lettres de Ciceron & de Pline.

La Philosophie de Pythagore, de Platon, de Zenon, n'a-t-elle pas formé de ces hommes, dans tous les temps & dans tous les pays ? Orphée, Musée, n'ont-ils pas fait prendre ce caractere à des hommes désunis, dissipés, grossiers, ignorants & féroces ?

Ces belles maximes de Morale qu'Hesiode a recueillies, ne sont-elles pas des preuves incontestables, que ce caractere social étoit très-ancien & très-commun chez les Grecs. Ce poëte, un des plus anciens de la Gréce, ne rapporte point ces maximes comme des vérités nouvellement découvertes ; ou qui ne fussent connues que d'un petit nombre d'hommes. Il les rapporte comme des axiomes, comme des proverbes, comme la Morale populaire, comme la philosophie civile & politique de ces peuples.

Cette même Morale se trouve

chez tous les peuples policés , & dans la portion la plus ignorante de ces peuples ; elle eſt contenue dans les proverbes qui ſont chez tous les peuples ; qui par-tout ſont la philoſophie populaire. Or, pour que ces maximes puiſſent devenir des proverbes, il faut qu'elles ſoient obſervées communément , & qu'elles forment le caractere de la nation qui les a reduites en proverbes.

Il eſt donc vrai, que la Nature trace elle - même le caractere ſocial dans tous les hommes , & qu'il n'eſt point l'ouvrage du climat ou de l'éducation. Il eſt formé par des beſoins, par des inclinations , par des goûts qui font l'eſſence de l'homme , & qui le portent à chercher ſon bonheur dans les vertus ſociales ; par les loix de la Nature qui ne lui permettent pas de s'écarter de ces vertus ſans être malheureux.

Par ce que nous avons dit, de
la difposition de l'enfant, à imiter
& à prendre les airs, les manieres,
les goûts & les fentiments de fes
parents, & de ceux avec lefquels
il vit; on connoît aifément comment le caractere focial donné
par la Nature, doit prendre différentes formes fous les différents
climats, dans les différentes conf-
titutions politiques des peuples,
felon la puiffance ou la foibleffe
de leurs voifins, felon qu'ils ont
été foibles ou puiffants, heureux
ou malheureux. Car toutes ces
différentes circonftances ont dû
mettre dans les idées & dans les
fentiments de chacun de ces peuples, des différences qui ont dû
fe tranfmettre aux enfants, & former en eux des caracteres particuliers, qui fubfiftent même long-
temps après que les caufes qui les
ont produits ne fubfiftent plus.

Ce font de femblables caufes

qui mettent des différences dans
les caractères des hommes d'une
même nation, & de la même condition , dans le caractere même
des peres & des enfants qui alté-
rent & qui défigurent ce caractere
focial dans les enfants , dont les
peres honnêtes & vertueux fem-
blent n'avoir rien oublié pour inf-
pirer leurs fentiments à leurs enfants, qui produifent des hommes
vicieux & méchants, dans des familles honnêtes & vertucufes.

Ces familles ne font pas abfolument féparées de la fociété , leurs
maifons font ouvertes aux grands,
aux riches , aux hommes puiffants,
& en crédit. L'ufage, les régles &
les bienféances établies dans le
monde, exigent que l'on marque
à tous ces hommes des égards,
de la confidération , du refpe&;
on admire, on loue leur magnificence , on révere leur crédit, on
rend hommage à leur fortune ;

c'eſt à tous ces titres qu'ils ont les
premieres places, les mets les plus
délicats : l'enfant témoin de toutes ces choſes , regarde tous les
avantages que ces hommes poſſédent comme les ſeules choſes pré-
cieuſes & reſpectables ; & avant
qu'il puiſſe eſtimer & réſpecter il
les deſire, comme le principe du
bonheur : c'eſt envain que les parents leurs enſeignent que la bienfaiſance & la vertu ſeules ſont dé-
ſirables , qu'elles ſeules peuvent
rendre l'homme véritablement
heureux : ce mot de vertu n'eſt
encore pour eux qu'un ſon qui ne
ſignifie rien, qui n'exprime qu'une
idée qu'on ne peut lui rendre ſen-
ſible ; il ne voit point les hommages qu'on lui rend, parce qu'ils ſont
intérieurs : leurs parents mêmes
forcés par les uſages & par les bien-
ſéances établies , ne peuvent lui
permettre de montrer la préférence qu'ils donnent dans leur cœur

à

à l'homme vertueux & fans fortune, ou fans crédit, fur l'homme
riche & puiffant fans vertu. L'a-
mour du crédit, du luxe & des richeffes s'allume dans le cœur de
l'enfant, fans que les inftructions
& les exemples de vertu qu'on lui
donne puiffent empêcher cet effet. L'enfant aime le luxe, le crédit, les richeffes, la magnificence
plus que la vérité & la vertu, plus
que fes parents : il fera avide & injufte, il fera du bien pour être ho-
noré & du mal pour fe faire craindre, pour fe venger de ceux qui
ne lui rendent pas hommage, il
prendra, comme nous l'avons dit,
les airs, les inclinations qu'il apperçoit dans les grands, dans les
hommes riches.

Ce caractere, comme on le
voit, n'eft point formé par la Nature : c'eft l'ouvrage de l'éducation, ou plutôt de l'exemple ; ce
font les hommes que l'enfant avoit

sous les yeux, qui ont formé son caractere : il eût été juste, bienfaisant & vertueux, s'il n'eût connu que ses parents, ou s'il n'eût vu dans la maison paternelle que des hommes modestes, honnêtes & vertueux.

Si cet enfant pouvoit conserver la mémoire des impressions étrangeres qu'il a reçues, il sçauroit qu'il doit l'orgueil & les dédains offensants à celui-ci, à celui-là l'amour des richesses, à cet autre l'ambition, l'amour de la parure, l'ostentation, &c.

Comme ces exemples agissent sur l'enfant long-temps avant qu'il réfléchisse, & qu'on n'a pas observé l'effet qu'ils produisent sur son cœur & sur son imagination, on croit injustement qu'il tient son caractere des mains de la Nature, quoiqu'en effet elle eût mis en lui tous les principes des vertus sociales & aucun de ses vices ni de ses défauts.

CHAPITRE III.

*On peut ramener à la pratique
des vertus sociales, les hommes qui s'en écartent.*

RIEN n'est plus puissant, mais
en même-temps rien n'est aussi flé-
xible que l'amour du bonheur : il
est le principe de toutes nos actions, & la source de toutes nos
inconstances ; il porte l'homme à
tout ce qui a l'apparence du bien,
& l'en détache aussitôt qu'il cesse de
le trouver agréable, ou qu'il voit
que cette apparence masquoit un
mal.

Ce n'est donc point exprès, que
l'homme s'écarte de la route qui
conduit au bonheur, & pour l'y faire rentrer, il ne faut que l'éclairer &
le convaincre qu'il se trompe, &
qu'il prend pour le principe du bonheur, ce qui n'en a que l'appa-

rence. Ainſi, pour ramener à la pratique des vertus ſociales l'homme qui s'en écarte, il faut lui faire ſentir, le convaincre qu'il n'y a point d'autre moyen d'être heureux, que de pratiquer ces vertus, & que tout autre moyen conduit au malheur.

La Nature a tout préparé pour produire cette conviction & ce ſentiment dans l'homme.

Par l'amour que la Nature lui inſpire pour le bonheur, par le mélange des biens & des maux dont elle l'environne, elle le force à réfléchir ſur les objets auxquels le plaiſir ou la douleur ſont attachés, ſur les cauſes qui produiſent le bonheur ou le malheur. Enfin, par la raiſon dont elle l'a doué, il peut appercevoir le rapport & la liaiſon des cauſes & des effets; voir en quelque ſorte, & ſentir en même-temps les choſes qui ſe ſuccédent; voir & ſentir

dans le même inftant les effets &
les caufes. Or, nous avons vu que
la Nature attache le bonheur aux
vertus fociales, & le malheur aux
vices contraires au bonheur de la
fociété : il n'eft donc point d'homme, non - feulement qui ne foit
porté à réfléchir fur les caufes du
bonheur & du malheur, mais encore qui ne puiffe connoître que
le bonheur eft uni à la pratique
des vertus fociales, & le malheur
aux vices.

Par tout ce que nous avons
dit fur les inclinations fociales de
l'homme, il eft clair qu'il n'y a
point d'homme qui ne puiffe connoître qu'une action qui nuit aux
autres, excite la haine des hommes, attire leur indignation, &
conduit enfin au malheur. Ainfi
toutes les fois qu'un homme veut
commettre une action nuifible au
bonheur des autres, on peut lui
faire voir que cette action con-

duit au malheur : alors l'action ne se préfente plus comme une fource de bonheur, mais comme un mal, & l'amour du bonheur ne permet pas de la commettre.

Quand il feroit vrai, que l'homme n'eft déterminé que par les fenfations, la raifon pourroit le garantir du crime auquel il eft porté par l'attrait des fenfations agréables. Elle pourroit le faire triompher de leur pouvoir en appellant pour ainfi dire à fon fecours, les fenfations douloureufes, l'ennui, les malheurs auxquels le vice & le crime conduifent infailliblement ; en peignant fortement les fuites affreufes du vice & du crime. La peinture fidelle, la vue certaine des malheurs inféparables du vice, ne font-elles pas en effet des fenfations douloureufes que la raifon unit à l'image, à l'idée des objets qui féduifent par des fenfations agréables.

Ces objets ne cessent-ils pas dès
ce moment, de paroître destinés
à procurer le bonheur de l'homme? N'est-il pas dans la nature de
l'homme, de craindre encore plus
la douleur qu'il n'aime le plaisir?

Ainsi, la raison découvre la
chaîne des biens & des maux qui
tiennent aux vertus & aux vices;
c'est un Prophéte que la Nature
a mis au dedans de chaque homme pour lui annoncer tous les
malheurs dans lesquels le crime
doit le précipiter; elle les lui rend
présents, elle lui fait voir tout ce
que le prestige de la passion lui
déroboit, elle le fait sentir, elle
ouvre à ses yeux le précipice où
le vice conduit; elle le suspend
pour ainsi dire, sur les abimes, &
le fait trembler.

La lumiere de la raison peut
donc convaincre l'homme, qu'il
ne peut trouver le bonheur que
dans les vertus sociales, & que

I 4

les actions contraires à la société
l'entraînent dans des maux de
toute espéce. Elle peut donc le
ramener à la pratique des vertus
sociales s'il s'en écarte.

» Enfin, il y a des notions com-
» munes, dont tous les hommes
» conviennent également ; les dis-
» putes, les séditions, les guer-
» res, d'où viennent-elles ? de l'ap-
» plication de ces notions com-
» munes a chaque fait particulier.
» La justice & la sainteté sont pré-
» férables à toutes choses, person-
» ne n'en doute ; mais une telle
» chose est-elle juste, est-elle sain-
» te ? voilà sur quoi l'on s'égare.
» Chassons cette ignorance, & ap-
» prenons à appliquer ces notions
» à chaque fait particulier ; il n'y
» aura plus de disputes, plus de
» guerres : Achille & Agamemnon
» seront d'accord (1).

---

1) Nouveau Manuel d'Epictete, trad. de
Dacier. t. 2. *p.* 52.

Ce fut en developpant ces notions & les principes de la sociabilité, dans l'esprit & dans le cœur des hommes fauvages & difperfés; que les fages les réunirent & les policerent; ce fut en les éclairant que Théfée, Orphée, Mufée, Minos, Lycurgue, Numa, Solon, &c. impoferent des Loix aux paffions les plus impérieufes, à l'amour effréné de la liberté, du luxe, des richeffes & des plaifirs. C'eft cet empire de la raifon fur les paffions & fur les habitudes, que les Gaulois repréfentoient fous l'emblême d'Hercule. Ce n'étoit point la force de fon bras, mais la puiffance de fa raifon qu'ils admiroient; ils le peignoient fous la figure d'un vieillard qui tenoit enchaînés une infinité de peuples attachés à fa langue par des filets d'or qui aboutiffoient à leurs oreilles. Ces peuples le fuivoient fans effort, fans répugnance & volon-

I5

tairement. Ils paroiſſoient ignorer
leur captivité, parce qu'elle étoit
l'effet d'une puiſſance qui étoit
au-dedans d'eux-mêmes; ils paroiſſoient la chérir, parce que l'homme n'eſt heureux que ſous l'empire de la raiſon. Comme l'Hercule Grec, l'Hercule Gaulois avoit
une peau de lion, & une maſſue,
mais il tenoit à ſa main gauche
un arc, & portoit ſur ſon épaule,
un carquois pour marquer que c'é-
toit par des raiſons qui pénétrent
juſqu'au fond de l'ame, qu'il domp-
toit les paſſions, & non par des
métaphores, qui n'agiſſent que ſur
l'imagination ; que c'eſt par la lumiere qui diſſipe les erreurs, que
l'on corrige les hommes, & non
pas par des phraſes ſonores qui
flattent l'oreille ſans parler à la
raiſon, & qui n'y trouve que des
idées fauſſes, lorſqu'elle les exa-
mine (1).

_____

(1) L'Hercule Gaulois, dans Lucien.

Les principes des vertus sociales toujours subsistants dans le cœur de l'homme, peuvent toujours produire cet effet.

Othon, livré dès sa jeunesse à la volupté, à l'ambition, parvenu à l'empire avec des peines infinies & par mille intrigues, entend au fond de son cœur la voix de l'humanité ; les gémissements de la patrie, qui lui reproche les maux que son ambition va causer : aussi-tôt il ne voit plus la suprême puissance que comme un présent funeste qu'on lui a fait, & la conservation de sa vie que comme un crime ; rien ne peut l'empêcher de mourir (1).

Ptolomée-Philometor, fut d'abord un Prince sans vertu, sans courage, sans application, c'étoit l'effet de l'éducation molle & effé-

---

(1) Plutar. vie d'Othon, ci-dessus chap. précédent.

minée que lui avoit donné l'Eunu-
que Rulcus, pour gouverner plus
abfolument fous fon nom. Mais
on ne tarda pas à voir fortir ce
Prince de cette indifférence & de
cette foibleffe, pour s'occuper du
bonheur de fes fujets, dont il devint le pere, & qu'il rendit heureux (1).

» Quand *Y-u* ce fameux Minif-
» tre de la Chine, vit que l'Empe-
» reur *Tai-k-y-a* dégeneroit des
» vertus du Prince *Tfchin-Tang*
» fon grand pere, il le fit defcendre
» du thrône dont il fe rendoit in-
» digne, & le renferma dans un
» Palais fecret, où étoit le mau-
» folée de fon grand pere. Cette
» action lui attira un applaudiffe-
» ment général. Ce Prince à la vue
» des cendres de ce Heros dont il
» étoit iffu, rentra dans lui-même,

----

(1) Diod. Fragm. Polyb. excerpt. Vales,
p. 191.

»se reprocha le déréglement de
»sa vie, detesta ses vices, & s'ap-
»pliqua sérieusement à l'étude de
»la sagesse. Dès que le Ministre se
»fut assuré de son changement,
»il le retablit sur le thrône. Ce
»fut un nouveau sujet de joie pour
»le peuple qui applaudit également
»ment, & à la sagesse du Minis-
»tre, & à la docilité du jeune
»Empereur. *Tai-k-y-a* revenu de
»ses égarements, regarda son Mi-
»nistre comme son pere, ne se
»conduisit que par ses conseils, &
»gouverna l'Empire avec beau-
»coup de sagesse (1).

Pendant le régne de Vespasien,
Tite avoit des vices; lorsqu'il fut
Empereur, il n'eut que des vertus; son régne fut le régne de la
bienfaisance, & il sacrifia au desir
de l'estime & de l'amour des Ro-

---

mains les paſſions les plus indomptables (1).

Tite deſtiné à régner ſur preſque tout le monde connu, retournoit à Rome, après l'expédition de Jeruſalem, il voulut voir Apollone de Thiane ; il lui demanda des regles pour bien gouverner. Souffrez, lui dit Apollone, les réprimandes de Demetrius, philoſophe cynique, qui fait profeſſion de dire la vérité, ſans reſpecter qui que ce ſoit. Tite promit de ſuivre ſon conſeil.

Apollone étoit encore avec ce Prince, lorſque les habitants d'une ville lui demanderent une grace importante. Je me ſouviendrai de votre requête, lui dit Tite, & j'en parlerai à mon pere, je ſerai même votre avocat. Prince lui dit Apollone, que feriez vous ſi l'on venoit vous donner avis que quel-

---

(1) Suetone in Tit.

ques-uns de ces habitants faisoient
une ligue contre vous & contre
votre pere, & qu'ils avoient des
intelligences secretes avec les
Juifs dans Jerusalem. Je ne pourrois, répondit-il, me dispenser
de les faire mourir ? Est-ce donc,
reprit Apollone que vous pouvez
condamner de vous-même sur le
champ à la mort, des hommes,
& que pour faire des graces, il
faut délibérer long-temps, &
avoir recours au conseil & à l'autorité d'un autre ? L'avis d'Apollone détermina Tite ; sur le champ
il accorda la grace qu'on lui de-
mandoit, & fut ravi qu'en l'éclairant on l'eût en quelque sorte
forcé de faire du bien (1).

La raison & l'humanité ont sur
l'homme un empire, auquel la
puissance la plus absolue ne peut
le soustraire. Il n'en est point qui

---

(1) Philostrate, vie d'Apollone, l. 6. c. 14. 15.

ne craigne d'être injuste & déraisonnable : jamais toutes les avenues ne sont fermées à la vérité dans leur ame, jamais elle ne perd son autorité sur eux. Ceux qui les environnent connoissent le moyen de l'y faire pénétrer, & d'arrêter leurs passions.

Le P. du Halde rapporte, que le Roi de *Tsi* avoit un cheval qu'il aimoit beaucoup, & qui mourut par la faute de son palfrenier. Le Roi l'apprenant, saisit un lance dont il alloit percer le palfrenier : un Courtisan détourna le coup, & lui dit : Prince, il s'en est peu fallu que cet homme ne soit mort sans être bien instruit de sa faute. Instruisez-le, dit le Roi, j'y consens. Alors le Courtisan prenant la lance, & s'adressant au palfrenier, lui dit : » malheureux, voici » tes crimes, écoute-les bien : pre- » mierement, tu es cause de la mort » d'un cheval, toi, que le Prince

» avoit chargé de le bien soigner ;
» dès-là tu mérites de mourir. En se-
» cond lieu, tu es cause que mon
» Prince pour avoir perdu son che-
» val, s'est irrité jusqu'à vouloir te
» tuer de sa propre main : voilà un
» second crime capital plus grief
» que le premier : enfin, tous les
» Princes & tous les Etats voisins
» vont savoir que mon Prince a fait
» mourir un homme pour venger la
» mort d'un cheval, le voilà perdu
» de réputation, & c'est ta faute ,
» malheureux, qui entraîne toutes
» ces suites : la connois-tu bien ?
» Laissez-le aller, dit alors le Prin-
» ce, ne faisons point de brêche à
» ma bonté, je lui pardonne (1).

Les Ministres de l'Empereur
Hien-Tsong, lui représentoient
avec force & avec vérité que des
inondations & une chaleur ex-
cessive avoient réduit à l'extrémi-

---

(1) Du Halde, t. 2. p. 632.

té deux grandes Provinces; un
Yuſſée, c'eſt-à-dire, un Docteur
attaché à la Cour, arrive de ces
Provinces, l'Empereur lui demande en quel état elles ſont; le Docteur répond que le mal n'a pas été
grand. A quoi m'en tenir & quel
parti prendre? dit l'Empereur, en
rapportant à ſes Miniſtres le diſ-
cours du Docteur courtiſan.

Un des Miniſtres prit la parole
& dit au nom de tous.

» Prince, nous avons entre les
» mains tous les avis des Magiſtrats
» de ces deux contrées; quand on
» les lit avec attention, il n'en eſt
» point où l'on ne ſente que celui
» qui les donne tremble pour lui,
» & craint que la Cour ne lui faſſe
» un crime de ce que ſouffre ſon
» peuple : quelle apparence y a-
» t-il que des gens ainſi diſpoſés
» oſent vous chagriner par de faux
» avis? Il eſt bien plus naturel de
» croire que cet *Yuſſée* dont votre

»Majesté parle „ a dit en courti-
»san ce qu'il a jugé pouvoir
»vous plaire : je voudrois sçavoir
»quel est cet *Yussée*, pour le citer
»en justice & le faire juger selon
»les Loix.

» Vous avez raison, reprit l'Em-
»pereur, ce qu'il y a de principal
»dans un état, ce sont les hom-
»mes : dès qu'on est averti qu'ils
»souffrent, il faut se hâter de les
»secourir. Les soupçons en ces
»occasions sont hors de saison ; ce
»*que je vous ai opposé m'est échap-*
»*pé mal à propos.*

Aussi-tôt l'ordre fut donné de
secourir aux dépens de l'Empereur les Provinces qui avoient
souffert (1).

L'histoire de la Chine est remplie de semblables exemples.

Rien n'est donc moins philosophique que ces déclamations, ces.

---

(1) Du Halde, *ibid.*

épigrammes, par lesquelles on
prétend prouver l'inutilité des
réflexions & l'impuissance de la
raison pour réprimer les vices &
pour corriger les défauts des hommes.

On est d'abord étonné que dans
la Nation la plus légere, & la plus
inconstante, on croie l'homme
inflexible dans ses sentiments &
dans ses inclinations, invariable
dans certaines idées & dans certaines opinions. Mais lorsqu'on
réfléchit, on trouve qu'en effet
l'extrême frivolité ôte presqu'entierement à la raison sa force ré-
primante, & qu'elle rend en quelque sorte l'homme incorrigible,
& opiniâtre jusqu'à l'inflexibilité
dans ses petites fantaisies.

La raison n'est une force répri-
mante que parce qu'elle met sous
les yeux de l'homme, les maux
attachés au vice & au crime, parce qu'elle lui fait voir leur liaison

néceſſaire : pour découvrir cette
liaiſon, il faut réfléchir; il faut fixer
ſon attention, & l'homme frivole
ne peut ni réfléchir ni fixer ſon
attention qu'avec une peine extrême, il eſt donc très-difficile qu'il
ſe corrige : il faudroit à l'homme
frivole de grands motifs pour vaincre cette difficulté qu'il éprouve,
lorſqu'il lui faut fixer ſon attention;
& dans une Nation frivole, livrée
au luxe, à l'amour des richeſſes,
quel motif oblige l'homme frivole
à réfléchir & à ſe corriger?

    Dans une Nation livrée au luxe,
aux plaiſirs, au deſir d'amaſſer des
richeſſes, l'enfant réfléchit à peine,
qu'on lui fait enviſager les richeſſes, les talents agréables, le crédit
comme les ſources du bonheur.
On ne s'occupe pendant ſa jeuneſ-
ſe qu'à graver ces principes dans
ſon ame : on n'exerce ſon eſprit
que ſur les moyens d'acquérir des
richeſſes, du crédit, des talents

agréables : lorfqu'il entre dans le
monde, il y voit tout facrifié à ces
objets, il les voit obtenus par l'intrigue & par la cabale, fouvent
accordés au vice & à la perfidie, il
n'y voit au moins extérieurement
le vice & le crime funeftes à aucun
des hommes qui ont acquis du crédit ou des richeffes, il ne foup-
çonne pas qu'il foit dans la route
qui conduit au malheur : pour le
lui faire concevoir, il faudroit ef-
facer toutes fes idées, les anéantir, le remettre dans l'état d'une
ignorance abfolue, & faire de fon
ame une table raze : peut-il fe
prêter de lui-même à cette opéra-
tion qui lui paroît humiliante,
inutile & même impoffible ?

Pour l'y déterminer, il faudroit
qu'un grand malheur produit fubitement par le vice le détrompât
fubitement fur l'idée qu'il s'eft faite du bonheur : or dans une Nation corrompue par le luxe, le

vice & le crime ne produifent
point ces effets fubitement.

On ne fe corrige donc point
dans une Nation où régnent le
luxe, les richeffes & la frivolité;
mais les hommes n'y font pas in-
corrigibles, s'ils font capables de
raifonner; puifque, comme nous
l'avons dit, on peut leur faire voir
que le vice n'a rendu perfonne
véritablement heureux, & qu'il
conduit infailliblement au malheur.

Ceux qui prétendent qu'on ne
fe corrige point, n'ont-ils jamais
réprimé les faillies de leur humeur,
étouffé un reffentiment, dévoré
un chagrin en préfence d'un Supérieur, à la vue d'un Protecteur?
Comment donc fe croient-ils in-
corrigibles? & ne les verrions-nous
pas fe corriger & pratiquer les vertus fociales, fi le Supérieur, fi le
Protecteur dont ils attendent leur
bonheur, n'accordoit en effet fes

faveurs qu'à la vertu ? oui la puiſſance Souveraine d'un Monarque peut faire rentrer dans le
chemin de la vertu tous ceux qui
s'en écartent.

Ce que la crainte d'un Supérieur redoutable, d'un Protecteur
puiſſant, ou d'un Souverain fait
ſur l'inférieur, ſur le protégé, ſur
le ſujet, la raiſon peut le faire ſurtout homme qui réfléchit. Quelque puiſſance qu'il ait, lorſque
toutefois il ne s'agit pas de ſatisfaire un beſoin primitif ou un
beſoin phyſique qui naît d'une
habitude invétérée, ou enfin lorſque l'homme n'eſt pas dans l'accès d'une paſſion violente (l'homme dans tous ces cas eſt indocile
à la raiſon) ſon état eſt plus terrible que la mort, il craint moins
de mourir que de reſter dans l'état
où il eſt, il voit le péril qu'on lui
montre, il approuve ce qu'on lui
dit, & il fait le contraire, parce
que

que le mal qu'il éprouve eſt ſupé-
rieur au mal qu'il prévoit. Mais
cet état n'eſt pas l'état naturel de
l'homme, & il eſt peu durable,
l'homme rendu à lui-même peut
prendre des précautions pour le
prévenir. En un mot la pratique
des vertus ſociales étant l'état naturel de l'homme, il eſt toujours
poſſible de l'y ramener.

SECTION SIXIEME.

Des différentes espéces de so-
ciétés que forment les hom-
mes, de leurs Loix, & de
l'obéiſſance que l'on doit à
ces Loix.

QUAND l'homme ſortiroit des
mains de la Nature, comme la
Fable nous repréſente les Géants
ſortans du ſein de la terre, avec
des forces prodigieuſes, & avec
des armes rédoutables ; il ſeroit
cependant encore un être foible
& malheureux, s'il étoit iſolé ſur
la terre, s'il avoit à combattre ſeul
les animaux réunis, les éléments,
les maladies, & les infirmités ;
ainſi, quelle que ſoit l'origine de
"homme, dans quelqu'état qu'il

ait commencé à exister, il a eu
besoin de s'unir aux autres hommes, & il est déterminé par son
organisation à les rechercher & à
s'unir à eux.

Le besoin de se nourrir essentiel à l'homme, est facile à satisfaire dans quelque lieu qu'il se
trouve sur la terre ; ainsi ce besoin
ne doit causer aucune haine entre les hommes que leur foiblesse
a réunis.

Le besoin de se reproduire qui
lui est commun avec tous les animaux, forme entre les deux sexes
une union essentiellement différente de celle de tous les animaux, il dévelope des sentiments
d'amour, de complaisance, de
tendresse, qui rendent l'homme &
la femme capables de se dévouer
au bonheur l'un de l'autre, lors
même qu'ils n'éprouvent point le
besoin qui réunit les deux sexes.
Le desir de se reproduire, forma

donc entre les deux moitiés du genre humain, un attachement tendre, conſtant, & à l'épreuve des cauſes qui produiſent le dégoût, les caprices, l'indifférence & la déſunion parmi des êtres qui ne ſont unis que par des beſoins purement phyſiques, ou qui n'ont pour objet que leur propre bonheur, ſans égard pour le bonheur des autres.

Les Loix que la Nature a établies pour la reproduction de l'homme, ſa foibleſſe & la longueur de ſon enfance, le ſoin des peres & des meres pour ſon éducation, lient les peres & les enfants par l'habitude de la tendreſſe & de la reconnoiſſance qui rendent les plaiſirs & les malheurs communs à toute la famille. Ainſi à meſure que les hommes ſe multiplient, la ſphère de la tendreſſe & de l'attachement, ſi je peux parler ainſi, s'étend, ſon activité augmente, &

forme de toute la famille, une
assemblée d'hommes dont l'existence devient précieuse à ceux
qui la composent.

Par sa constitution organique,
l'homme souffre, ou ressent du
plaisir lorsqu'il voit un autre homme heureux ou souffrant. L'homme reçoit donc de la Nature une
sensibilité qui le porte vers tous
les hommes, qui l'unit à eux, qui
l'associe pour ainsi dire, à leur bonheur & à leur malheur, indépen-
damment de l'éducation & de la
réfléxion. Il y a donc une parenté naturelle entre tous les hommes, & la sensibilité organique
suffit pour produire entre eux un
attachement semblable à celui que
produisent la naissance & l'éducation entre les enfants d'un même pere.

Lorsque les hommes se rappro-
chant cessent de mener une vie
errante, & se fixent, le loisir

dont ils jouiffent , leur rend la
compagnie des autres hommes
agréable, utile , & même néceſ-
faire : ils y trouvent des fecours
contre les périls , du foulagement
pour leurs maux , de la confola-
tion dans les afflictions : les infirmités mêmes de la condition humaine , concourent avec le fentiment de l'humanité pour unir les
hommes par un fentiment d'intérêt réciproque , qui fe joint à l'humanité pour lui aider à triompher
des répugnances de la pareſſe &
de la délicateſſe , dans le foulagement des infirmes, qui peut devenir le fupplément de la compaſ-
fion & de la bienfaifance naturelle , tenir tous les hommes unis ,
& les engager à fe fecourir , malgré le défagrément que leurs infirmités & leurs foibleſſes peuvent
caufer dans leur affociation.

Le fecours que reçoit un malheureux fait naître dans fon cœur

un sentiment de reconnoissance qui lui reud la vie de son bienfaiteur précieuse, & qui augmente la bienveillance du bienfaiteur.

Le service qu'un homme rend à un malheureux, n'inspire pas seulement de la reconnoissanc au malheureux, il la fait naître dans le cœur de tous ceux qui connoissent son bienfait, il leur devient cher, ils s'empressent de lui témoigner leur attachement, leur estime, leur zéle.

Le zéle, l'estime, l'attachement du public, produisent dans l'homme bienfaisant un spectacle flatteur & touchant, qui fait naître dans son cœur le desir d'être utile à tous les hommes. La bienfaisance naturelle & l'humanité qui ne paroissent destinées qu'à empêcher l'homme de nuire, deviennent des sources de bonheur, & des principes de générosité. L'homme est

bienfaifant par amour pour les autres, par goût pour la bienfaifance, & par intérêt perfonnel ; il eft
capable de faire des facrifices au
bonheur de fes femblables.

A tous ces motifs, la Nature
ajoute le fentiment de l'amitié plus
tendre, plus vif & plus puiffant
que toutes les autres inclinations
naturelles. Par lui, la Nature donne à chaque homme une confo-
lation, un fecours ; un bonheur
toujours préfent, un affocié qui n'a
pour objet que le bonheur de fon
affocié ; & qui lorfqu'il faut le
procurer, n'eft jamais effrayé par
les périls, ou rebuté par les difficultés.

La Nature ne s'eft pas conten-
tée de donner à l'homme, tous
ces fentiments, toutes ces inclinations, comme autant de maîtres, de moniteurs & de guides. Elle a mis dans fon cœur des
témoins, des juges, des ré-

munérateurs plus équitables &
plus généreux que les hommes ;
la raifon & la confcience, qui
rempliffent l'ame de l'homme
bienfaifant, de fatisfaction & de
plaifir, lorfqu'il eft ignoré ou même
condamné, mais des juges
inexorables qui le condamnent
& qui le puniffent, s'il eft malfai-
fant, & lors même que les hommes lui déguifent fon injuftice.

Le malheur rendu par les Loix
de la Nature, inféparable de toutes les actions qui nuifent au bonheur des autres vient au fecours
de la raifon & de la confcience,
& femble être toujours en vigie
pour repouffer vers le bonheur
général tous ceux qui ne cherchent que leur bonheur particulier. Enfin, fi l'homme réfifte à
tous ces motifs, la Nature lui montre une puiffance immenfe qui promet les plus magnifiques récompenfes à la bienfaifance & à la ver-

K 5

tu, qui punit par les châtimens les plus rigoureux, l'injuſtice & l'inhumanité.

C'eſt l'auteur de la Nature qui eſt le principe & la cauſe de toutes les inclinations ſociales de l'homme, de toutes ſes facultés, de tous ſes beſoins : c'eſt lui qui a mis dans tous les événemens, l'ordre qui y régne conſtamment. Rien ne peut le changer, ainſi les hommes ; non-ſeulement pour obéir à l'être-ſuprême, mais encore pour être heureux ſur la terre, doivent former entr'eux une ſociété qui a pour Loix les vertus ſociales que nous avons trouvées dans le cœur de l'homme ; ils doivent compoſer une famille.

La multiplication des hommes ne leur permet pas d'habiter dans les mêmes lieux, dans les mêmes contrées, ils ſont obligés de ſe partager, & de former des corps ſéparés, à qui la nature du climat qu'ils habitent, & les différentes circonſtances, font prendre des mœurs & des idées particulieres, des moyens différents de ſe nourrir, & d'arriver au bonheur.

Cette diſtribution des hommes en différents corps, ne change point l'eſſence de l'homme. Les relations eſſentielles que la Nature a miſes entre un homme & un autre homme ſubſiſtent, dans quelque contrée qu'ils habitent. Ainſi, il y a eſſentiellement une ſociété générale & univerſelle, qui embraſſe tous les hommes, & des ſociétés particulieres, dont les membres ſans ſe détacher de la grande ſociété, ont cependant des Loix particulieres, qui ne peuvent être que des applications différentes des Loix de la ſociété générale.

C'eſt dans la connoiſſance de ces Loix, que la morale & la Politique doivent chercher les moyens

K 6

de gouverner les hommes & de les rendre heureux : le développement que nous avons fait des besoins, des inclinations & des facultés de l'homme, les effets que nous avons vûs attachés au bon usage ou à l'abus que l'homme en fait, contiennent ces Loix ; mais la connoissance m'en paroît si nécessaire que je n'ai pas regardé comme une répétition inutile de les rapprocher, & d'en faire en quelque sorte des aphorismes de Droit naturel & de Droit des gens, de Morale civile & de politique générale, dans lesquels on pût voir le précis du systême de la Nature par rapport à la société que les hommes doivent former & par rapport au bonheur auquel ils doivent aspirer : j'examinerai ensuite quelle espéce d'obéissance l'homme doit à ces Loix.

CHAPITRE PREMIER.

De la société universelle, ou de la société que forment tous les hommes, & des Loix de cette société.

1.º L Es besoins, les inclinations de l'homme, le rapport de son bonheur avec les phénoménes de la Nature, le conduisent à la connoissance d'une intelligence suprême qui a créé le monde & l'homme, qui a donné des Loix à la Nature, & prescrit des régles à l'homme; qui veut en être honorée, & à laquelle l'homme doit un culte.

Que cet objet soit ou ne soit pas le premier dans l'ordre du développement des inclinations & des qualités sociables de l'homme, considéré dans un état de pure nature, il en est certainement sa fin; il eſt donc non ſeulement le plus important, mais encore le premier des principes du Droit naturel pour l'homme qui a réfléchi, & aucun homme ne peut ignorer invinciblement que cette intelligence exiſte, & qu'il lui doit un culte.

2.° La diſtance des lieux, la différence des climats, ne changent ni l'organiſation de l'homme, ni ſon eſſence : par-tout il a les mêmes beſoins & les mêmes inclinations naturelles ; tous les principes de bienfaiſance & d'humanité qui naiſſent de l'organiſation de l'homme, & du fond de ſon ame, ſubſiſtent donc entre tous les hommes, quelque climat qu'ils habitent, & ſous quelque gouvernement qu'ils vivent. Ainſi par-tout où deux hommes ſe rencontrent, ils ſont dans un état de paix & de ſociété : avant qu'ils aient fait aucune convention, il ſont unis, alliés & freres.

3.° Les principes de sociabilité que nous avons exposés, sont des régles qui doivent diriger la conduite de l'homme ; elles lui sont prescrites par l'intelligence créatrice, & il ne peut s'en écarter sans devenir malheureux : puis donc que ces principes existent dans tous les hommes & dans tous les temps, ils sont des Loix immuables & perpétuelles de la société générale que tous les hommes doivent former sur la terre.

4.° La réunion de ces principes forme le droit naturel.

5.° Par ce que nous avons dit sur l'humanité, sur la bienfaisance & sur l'amitié naturelle, l'homme souffre lorsqu'il voit souffrir un autre homme, il éprouve du plaisir lorsqu'il le voit heureux, il desire de communiquer le bonheur dont il jouit lui-même ; ainsi de Droit naturel, un homme doit lorsqu'il le peut, contribuer au bon-

heur des autres, de quelque Nation, de quelque Pays, de quelque condition qu'il soit.

6.° Les hommes ont un desir
naturel de l'amitié de leurs semblables, & par l'institution de la
Nature, il ne peut faire naître ces
sentiments que par des actes d'humanité, de justice & de bienfaisance : ainsi par le Droit naturel,
il ne suffit pas que l'homme ne
fasse point de mal, il faut qu'il soit
utile aux autres, que sa justice &
sa bienfaisance soient actives.

7.° Puisque l'estime & l'amitié
contribuent au bonheur de l'homme, & que dans l'institution de la
Nature, la bienfaisance active fait
naître ces sentiments, on doit de
Droit naturel, de l'estime & de
l'amitié à tous les hommes justes
& bienfaisants.

8.° L'homme craint naturellement la haine & le mépris des autres hommes ; par l'institution de

la Nature, l'injuſtice, la méchanceté, font naître ces ſentiments,
& ils ſont deſtinés à réprimer l'homme inhumain, injuſte & méchant:
c'eſt donc manquer à une obligation naturelle que de ne pas témoigner du mépris, de la haine
& de l'indignation à l'injuſte, au
méchant, à l'homme dur & inſenſible : c'eſt violer le Droit naturel
que de témoigner à cet homme,
du reſpect, de l'eſtime & de l'a-
mitié : car puiſque la Nature a dépoſé dans notre cœur la haine &
le mépris comme une force deſti-
née à réprimer les méchants,
l'homme qui cache ces ſentiments,
qui les étouffe par crainte, eſt un
lâche qui abandonne ſon poſte,
il trahit la Nature & la ſociété
générale.

9.° Par l'inſtitution de la Nature, le malheur d'un homme n'eſt
point néceſſaire à l'exiſtence d'un
autre homme ; l'homme ne peut

même voir fouffrir fon femblable fansreffentir de la douleur; on viole donc le Droit naturel en ne foulageant pas un malheureux, & en faifant fervir le malheur des autres à fon plaifir.

La traite des Negres qui n'a pour objet que de procurer à l'Europe des productions de luxe, & qui entretient dans le fein de l'Afrique la guerre & la défolation, eft donc une tranfgreffion horrible du Droit naturel, laquelle par une fuite des Loix de la Nature, ne peut manquer de devenir funefte à l'Europe.

Le Négociant infatiable ; le Colon avide, en arrachant les Négres à leur patrie, en les poliçant, en leur apprenant les arts, travaille à former dans l'Amérique une puiffance qui fera peut-être formidable un jour aux Nations commerçantes de l'Europe : peut-être verra-t-on un jour les Negres &

les Américains élever un état puiſſant dans le nouveau Monde, &
les Européens dépouillés de leur
puiſſance dans ces contrées, con-
ſerver leurs goûts pour les productions de ces climats, & ne pouvant ſe réduire à la ſimplicité de
la Nature, ſe faire la guerre pour
ſe procurer de l'argent avec lequel
ils acheteront le ſucre, l'indigo,
le café, &c.

10.° Par l'inſtitution de la Nature tous les hommes reſſentent
les maux de leurs ſemblables : un
homme qui fait du mal à un autre homme, en fait à tous ceux
qui le voient, à tous ceux qui le
ſavent : ainſi le Droit naturel
oblige à défendre, à ſecourir, à
protéger le foible contre le fort,
la douleur que nous cauſe la vue
du foible opprimé, eſt un ordre
que la Nature nous donne pour
courir à ſon ſecours.

11.° Puiſque l'homme n'agit

que pour être heureux, & que le
malheur de son semblable n'est
pas naturellement nécessaire à son
bonheur, un homme en se défendant, ne doit jamais aller au de-
là de ce qui est indispensable pour
réprimer l'aggresseur & pour le
contenir, la clémence est donc
une obligation naturelle.

12.° Puisque l'homme n'agit que
pour être heureux, & que la Nature
ne le fait point naître ennemi de ses
semblables, c'est un devoir d'attribuer le mal qu'il fait, à quelqu'erreur,
& non pas au desir de nuire : l'in-
dulgence est donc encore une obligation naturelle, & une justice, aussi bien que le pardon des offenses.

13.° Par l'institution de la Nature, l'homme ne sent de l'estime
& du respect que pour la bienfaisance généreuse, pour les talents
consacrés au bonheur général,
pour les grandes qualités utiles :
l'homme qui prétend au respect,

& qui exige des hommages comme puiſſant, ou comme deſcen-
dant d'hommes puiſſants, viole
donc le Droit naturel, auſſi bien
que ceux qui le reſpeɗent & qui
lui rendent des hommages.

En effet, la Nature a confié à
l'homme, le reſpeɗ & les hommages pour récompenſer la vertu,
& pour encourager la bienfaiſance; c'eſt un bien dont elle le fait
dépoſitaire & dont elle lui confie
la diſtribution pour le bonheur
général de l'humanité; en grati-
fier la puiſſance qui n'eſt que terrible & dangereuſe, ou la naiſſance & la dignité ſans bienfaiſance
& ſans vertu, c'eſt encourager
l'audacieux & l'oppreſſeur, c'eſt
ſe déclarer le fauteur de l'orgueil
qui rend l'homme inſenſible & inhumain, c'eſt empêcher que les
hommes ne conſacrent leurs talents au bonheur général.

14.° Il paroît que la Nature

fait naître les hommes avec les
mêmes dispositions, les mêmes
talents, les mêmes inclinations,
& par conséquent dans un état de
parfaite égalité. Quand il seroit
vrai qu'elle met des différences
dans leurs talents & dans leurs facultés, l'homme le plus rare & le
plus distingué ne peut savoir si les
autres hommes n'ont pas reçu des
talents supérieurs à ceux qu'il a
reçus, s'ils n'eussent pas été ce qu'il
est & peut-être supérieurs à lui ;
s'ils avoient été dans les circonstances dans lesquelles il s'est trouvé : la supériorité de talents, de
lumieres, de forces, ne doit donc
point affoiblir le sentiment de l'é-
galité naturelle entre les hommes,
aucun n'est en droit de se croire
naturellement supérieur à un autre homme.

Le vaniteux qui se complaît
dans les choses qui ne le rendent
ni meilleur, ni plus estimable, &

qui méprise ceux qui en sont privés, le superbe qui se glorifie de
ses avantages ou de ses qualités,
qui s'éléve insolemment au dessus
des autres, l'arrogant qui vante &
qui s'exagere ses talents & ses
droits, violent le Droit naturel.

Ainsi l'humilité, ou cette disposition d'esprit & de caractere
qui fait que l'homme s'estime toujours moins qu'il ne vaut, & qui
suppose dans les autres, des qualités qui auroient pu les rendre supérieurs à lui ; la modestie, ou
cette disposition d'esprit & de
cœur qui fait que l'homme ne se
prévaut jamais de ce qu'il recon-
noît d'estimable en lui, qui s'effor-
ce bien plus d'être utile que d'attirer l'attention, de mériter l'estime que d'obtenir des éloges, sont
des obligations prescrites par le
Droit naturel.

15.° L'homme vain n'aspire
qu'à devenir l'objet de l'attention

des autres ; le superbe ne desire
que d'exciter l'admiration & la
crainte ; l'arrogant ne s'occupe
que de ses prétentions ; la bienfaisance & l'amitié ne sont point
les motifs qui font agir ces hommes, ils sont ennemis du bien qui
n'est pas favorable à leurs desirs ;
ils sont dans la disposition de faire
le mal qui les flatte, parce qu'ils
n'ont point placé leur bonheur
dans la satisfaction intérieure que
produisent la bienfaisance & l'a-
mitié , mais dans les louanges ,
dans les applaudissements , dans
les marques extérieures de respect
qu'on leur rend.

Cependant dans l'institution de
la Nature, on ne doit le respect ,
l'estime & l'attachement qu'à la
bienfaisance , à la vertu ; ainsi par
le droit naturel, on doit refuser à
l'homme vain, orgueilleux, suffi-
sant, des témoignages de considération , de respect , d'estime ,

que

que la société civile ne preferit
pas. Il faut, pour ainfi dire, diftin-
guer le citoyen de l'orgueilleux,
refufer à l'orgueil toutes fes prétentions, & n'accorder que ce
que l'on doit au citoyen ; il faut
qu'il fente que c'eft à l'humanité
qu'on accorde les égards qu'on
lui marque, ou à quelque bonne
qualité qu'il a, & non pas à l'excellence chimérique qu'il révere
dans fa perfonne.

Ainfi, lorfque Xerxès eut réfolu
de faire la conquête de la Grece,
il envoya des Ambaffadeurs à
Sparte, pour demander de la terre
& de l'eau, qui étoient les fignes
de la foumiffion. Les Lacédemoniens jetterent une partie des Ambaffadeurs dans des gouffres, &
l'autre dans des puits, leur difant
qu'ils pouvoient emporter à Xerxès de la terre & de l'eau. Ce Monarque, fous prétexte de venger
l'outrage fait à fes Ambaffadeurs,

fit des préparatifs de guerre qui menaçoient toute la Grece. Les Lacédemoniens, à la vue des maux que cette guerre alloit causer à la Grece, envoyerent des Ambassadeurs qui s'offrirent de mourir pour réparer l'injure faite à Xerxès dans la personne de ses Ambassadeurs. Lorsque ces Lacédemoniens furent arrivés & présentés au Roi de Perse, on ne put jamais les engager à l'adorer, ils répondirent qu'ils n'étoient pas venus pour cela, mais pour mourir (1).

16.º Cette espéce de fierté n'a rien de dur & d'orgueilleux, elle s'allie avec la bienfaisance, avec l'humanité ; ainsi, lorsque Ptolomée, obligé de sortir d'Alexandrie, alloit à Rome implorer le secours du Sénat contre ses sujets, & qu'il aborda à Rhodes où étoit

(1) Herodot. *l.* 7. Plutar. dits. not. des Lacédemoniens.

Caton d'Utique, il envoya chez
lui, » ne doutant pas que, dès-
» que Caton fauroit fon arrivée,
» il ne vînt le vifiter ; mais Caton
» répondit à l'envoyé que Ptolo-
» mée vînt le trouver s'il avoit af-
» faire à lui, ce qu'il fit.

» Quand il entra, Caton n'alla
» point au-devant de lui, il ne
» daigna pas même fe lever de fon
» fiége ; mais après l'avoir falué
» fans façon, comme un fimple
» particulier il lui dit de s'affeoir.
» Cette réception fi feche, décon-
» certa un peu le Roi, qui fut fort
» étonné, de trouver avec des
» dehors fi fimples, fi populaires
» & fi chetifs, des manieres fi fiéres
» & hautaines. Mais, quand il eut
» commencé à lui parler de fes
» affaires, il entendit de lui, des
» difcours d'une fageffe profonde,
» & tous pleins de franchife & de
» liberté : car Caton blâma fort
» ce qu'il faifoit, & lui remontra

»quelle grande félicité & quelle
»vie royale il abandonnoit, pour
»aller se livrer à une dure servitu-
»de, à des travaux infinis, à tou-
»te la corruption & à toute l'ava-
»rice des puissants de Rome, que
»l'Egypte même, quand elle se-
»roit convertie en or, pourroit à
»peine rassasier. Il lui conseilla
»donc de s'en retourner & de se
»raccommoder avec ses sujets, il
»lui offrit même de l'accompa-
»gner pour ménager cet accom-
»modement. Ptolomée crut en-
»tendre, non l'avis d'un homme
»sage, mais l'oracle d'un Dieu (1).

17.° Les besoins, les penchants,
les inclinations que l'homme reçoit de la Nature, étant des régles & des loix, qui doivent le
conduire ; tout homme qui se met
librement dans un état où il ne
peut plus obéir aux Loix, viole le

_____

(1) Plutar, vie de Caton d'Utique,

droit naturel : ainſi l'intempéran-
ce eſt un crime.

18.° Tous les principes de droit
naturel que nous venons d'expoſer, ſont des ſentiments, des inclinations, des penchants qui agiſſent & qui ſe développent dans
l'homme, par l'expérience, même
ſeule. Il n'eſt pas d'homme qui en
réfléchiſſant ne puiſſe connoître
la néceſſité de ſuivre ces régles ; le
deſir du bonheur & la crainte du
mal, déterminent l'homme à porter ſes refléxions ſur tous ces objets;
il ne peut donc y avoir d'ignorance invincible de la loi naturelle.

Les principes que nous venons
d'expoſer ſont donc le vrai code
de la Nature, & Hobbes recon-
noît lui-même que ce ſont autant
de Loix naturelles.

Ces principes ſont des Loix naturelles ſelon cet Auteur, parce
qu'ils ſont le ſeul moyen de vivre en
paix, & que la paix eſt l'état auquel

l'homme doit tendre: il regarde ces Loix comme des barrieres que la prudence oppose à la méchanceté, & non comme des ordres que la Nature nous donne d'être utiles aux autres hommes : comme des précautions contre le mal, & non comme des sources de bonheur; ainsi, jamais son cœur n'avoit éprouvé le plaisir que cause la bienfaisance, la reconnoissance & l'amitié.

CHAPITRE II.

Des sociétés particulieres, & de leurs Loix essentielles.

Une partie de la surface de la terre est couverte par les eaux qui forment les mers, des lacs, des fleuves, des rivieres, & qui partagent la terre en une infinité de divisions plus ou moins étendues,

La portion du globle terreſtre
qui n'eſt point ſous les eaux , con-
tient des montagnes , des vallons ,
des plaines , des côteaux , dont les
productions & la fécondité varient
à l'infini. Preſque par-tout , on ren-
contre des terreins ſtériles plus ou
moins étendus. Les hommes , en ſe
multipliant , ont donc été forcés
de ſe partager & de former des
corps diſtingués & ſéparés : la différence des aliments & des contrées dans leſquelles les hommes
ſe ſont diſperſés , a mis beaucoup
de variété dans leurs reſſources ,
pour ſatisfaire leurs beſoins primitifs , & par conſéquent beaucoup
de diverſité dans leurs mœurs ,
dans leurs caracteres , & dans leurs
idées.

Dans la haute Aſie où le terrein prodigieuſement élevé , ſe
trouve trop froid pour que les
grains & les fruits y mûriſſent , &
pour que les arbres y croiſſent ;

L 4

la Nature ne produit que des pâturages, souvent entre-coupés par des étangs, par des lacs, par des cantons stériles ; les hommes qui s'y sont retirés, sont naturellement devenus pasteurs & errants ; ils ont peu de loisir, ils n'ont pas eu besoin de beaucoup d'amusemens, ils n'ont point inventé d'arts agréables, ils n'ont point exercé leur raison sur des objets de spéculation.

Il en a été de même à peu près des Germains, des Gaulois dans leurs forêts, des Arabes dans leurs plaines, tantôt stériles, & tantôt abondantes, & presque toujours coupées par des plages sabloneuses, ils ont été pasteurs & errants, comme les Tartares de la haute Asie : mais ayant plus de ressources pour se nourrir, placés sous un climat moins rigoureux, les Germains & les Gaulois ont eu plus de loisir, plus de besoin de s'éclairer ; leurs facultés intellectuelles ont dû se developper chez eux beaucoup plus que chez les Tartares, & plus encore chez les Arabes, que chez les Gaulois & chez les Germains.

La diversité des climats fait sur nos organes & sur nos facultés, les mêmes effets que produit sur tous les êtres sensibles, la différence des saisons & du spectacle que nous offrent le ciel & la terre.

Au midi de l'Asie & de l'Europe, en Egypte & dans l'Inde, où la Nature produit abondamment des grains, des fruits, les hommes sont devenus cultivateurs, & sédentaires : mais ces contrées si favorisées de la Nature, le lion, le léopard, le rhinoceros, le bufle, l'éléphant, une prodigieuse quantité d'animaux pâturants semblent les disputer à l'homme. Il a donc fallu que dans chacune de

L 5

ces contrées les hommes fussent cultivateurs & armés.

Tous les hommes ne naissent point avec des dispositions égales pour cultiver la terre, pour conduire les troupeaux, pour donner la chasse aux animaux terribles; & quand ils naîtroient tous avec des forces égales, il auroit encore fallu former des classes différentes pour cultiver la terre, pour défendre les moissons contre les bêtes fauves, & les troupeaux contre les animaux carnaciers : à mesure que les besoins ont varié, ou se sont multipliés, ces classes ont changé, ou se sont multipliées.

Il a fallu nécessairement quelque puissance qui assignât à chacun sa classe, & à chaque classe ses fonctions.

Par la loi établie pour la réproduction & pour la multiplication des hommes, cette puissance à

résidé naturellement dans le chef
de famille : ce pere , ce chef
de famille a exercé un empire
absolu , qui n'avoit pour objet que
le bonheur de la famille. Voilà
la premiere souveraineté , & le
modele sur lequel se sont formées
naturellement toutes les sociétés
particulieres. Les gouvernements
sont communément monarchi-
ques dans leur origine. Après la
mort du pere de famille ce fut
le fils aîné qui gouverna comme
plus éclairé , plus instruit, comme
celui que le pere avoit fait dépositaire de ses desseins , de ses volontés , de ses lumieres. Au défaut du fils aîné , on choisit le
meilleur, le plus éclairé & le plus
vertueux : on ne soupçonna pas
qu'il pût abuser de son autorité ,
on ne songea pas à prescrire des
bornes à sa puissance, ou à lui
imposer des conditions : on ne
voyoit point dans ces temps quel

besoin le chef de la république
pouvoit avoir de faire du mal :
quel mal pouvoit-on craindre ,
d'un pere qui trouvoit son bonheur, dans les soins qu'il donnoit
à sa famille ?

Lorsque les Souverains s'écar-
terent des vertus du pere de famille, on crut que c'étoit par
erreur, ou par ignorance : on se
contenta de les rappeller aux soins
que le pere de famille doit donner au gouvernement de ses enfants.

Le gouvernement Monarchique
est si beau, si conforme à la Nature,
si propre à faire régner la paix &
le bonheur, que les Nations éclairées, vertueuses & sensibles aux
charmes de la tendresse, ne crurent
pas devoir changer cette constitution pour quelques égarements
du Souverain, & c'est ce qui a
rendu le pouvoir absolu des Rois
& des souverains si durable en

Egypte, dans l'Inde, à la Chine.

Chez les Nations dont la vie fut agitée, la nourriture peu abondante, le repos & le loisir rare, le sentiment de la tendresse & de la bienfaisance se développa moins, on eut pour le Souverain moins d'attachement; son autorité ne fut pas absolue, il ne fut qu'un chef comme chez les Sauvages de l'Amérique, chez les Germains & chez les Gaulois.

Enfin dans les lieux où l'abus de la puissance devint excessif & intolérable, elle fut modifiée, ou absolument éteinte comme dans la Grece, & la puissance Souveraine fut exercée, tantôt par la société même, & tantôt par des Magistrats à l'autorité desquels on donna des bornes, des surveillants, des censeurs.

Ainsi les sociétés particulieres ont pris une infinité de formes différentes; mais elles ont toutes des

Loix essentielles qui sont les mêmes. Par-tout la puissance Souve-
-raine a les mêmes droits & les mêmes obligations, par-tout les sujets ou les Citoyens ont les mêmes devoirs & les mêmes avantages essentiels.

1.° Les hommes renfermés dans
ces divisions n'ont point changé
de Nature, tous ont les principes
de sociabilité, & leur réunion les
développe successivement.

Tous ces principes de sociabi-
lités tendent à conserver la paix
& à consacrer les forces, les talents, l'industrie de chaque particulier au bonheur général, c'est
vers cet objet, c'est à cette fin que
conduisent tous les besoins de
l'homme, toutes les inclinations,
tous les penchants qu'il a reçus de
la Nature; ces besoins, ces penchants, ces inclinations sont des
Loix dans tous les lieux, dans tous
les pays, sous tous les climats,

puifque l'homme les porte par-
tout : c'eft donc une obligation
naturelle à chaque membre de la
fociété que de travailler pour le
bonheur général, & c'eft une vio-
lation de la Loi naturelle que de
féparer fon intérêt perfonnel de
l'intérêt général de la fociété dont
on eft membre.

2.° Le bonheur général eft l'effet du concours de tous les membres de la fociété. Il faut donc
que dans chaque fociété particuliere il y ait une autorité qui dirige les forces, les talens, l'induftrie
des particuliers vers cet objet,
qui régle les contributions & la
nature des contributions que chaque membre doit payer pour procurer le bonheur général ; & comme c'eft pour chaque membre
une obligation naturelle que de
contribuer au bonheur général,
c'eft auffi une obligation naturelle
que d'obéir à cette puiffance, on

ne peut lui être rebelle, ou éluder ses ordres fans violer la Loi naturelle ; les ordres de la puiſſance civile obligent en conſcience.

3.° Cette puiſſance violeroit également la Loi naturelle, ſi elle ne faiſoit ſervir les forces, l'induſtrie, les talents des membres de la ſociété, qu'à ſon propre bonheur, ou ſi elle négligeoit d'appliquer ces forces & cette induſtrie, de la maniere la plus propre à procurer le bonheur général de la ſociété.

4.° Quelle que ſoit l'origine d'un état, ou d'une ſociété, la puiſſance qui dirige les actions du Citoyen vers le bonheur général eſt eſſentiellement une puiſſance Souveraine, puiſqu'elle réunit & fait agir à ſon gré les forces de tous les membres de la ſociété Il eſt même impoſſible que la ſociété ſubſiſte, ſi cette puiſſance n'eſt pas Souveraine.

5.° Par ce que nous avons dit

fur la Nature de l'homme, fur fes
befoins, fur fes penchants qui le
portent à procurer le bonheur
général de la fociété dont il eft
Citoyen, par ce que nous avons
dit fur l'origine & fur la Nature
des fociétés, il eft clair que toutes
les efpéces de gouvernements peuvent être légitimes, & que toutes
font bonnes, lorfque les hommes
font dociles aux infpirations de la
Nature, parce qu'alors ils em-
ploient toutes leurs forces en faveur du bien général ; mais elles
font toutes mauvaifes & funeftes
au bonheur des hommes lorfqu'ils
fortent de la route que la Nature
leur à prefcrite pour arriver au
bonheur ; les mêmes caufes qui
font que le Defpote & le Monarque font les fléaux de la fociété,
rendent l'Archonte, le Conful, le
Dictateur, le Sénateur, le Magiftrat, le fimple Citoyen, dur, avide,
impitoyable, tyrannique. Dans

quels états vit-on plus de maux que dans les Républiques de la Gréce, de Rome & de Carthage?

6.° Une société ne fera donc heureufe qu'autant que le Souverain & tous les membres fe renfermeront dans les bornes que la Nature prefcrit à leurs befoins, & qu'ils obéiront aux penchants & aux inclinations qu'elle leur donne.

7.° L'éducation publique & domeftique doit tendre à développer tous les principes de fociabilité qui font dans l'homme, & à y étouffer tous les defirs & tous les befoins qui écartent l'homme de la route que la Nature lui prefcrit pour arriver au bonheur.

8.° Quelque forme de gouvernement qu'on établiffe, ni la fociété, ni le Souverain, ni les Citoyens ne peuvent être heureux & puiffants, par d'autres moyens que par la pratique des vertus fo-

ciales : ainſi la vertu n'eſt pas un
reſſort politique qui n'appartien-
ne qu'à la République, ni l'honneur un motif particulier aux Monarchies : l'honneur qui n'exiſte
que dans les Monarchies, & qui
ne ſe trouve pas dans tout état
policé, eſt un faux honneur qui
fait des courtiſans & jamais des
Citoyens (1).

9.° Par l'inſtitution même de

---

(1) Je ne comprends pas bien ce que M. de
Monteſquieu entend par le mot d'honneur,
lorſqu'il dit que ce reſſort eſt particulier à
l'état Monarchique (Eſprit des Loix *l.* 3. *c.* 7).

En effet, cet honneur eſt ou le deſir de ſe
ſignaler par la ſoumiſſion aux Loix, & par
des actions utiles au public, ou c'eſt ſeulement
le deſir de plaire au Monarque.

Dans le premier ſens, ce n'eſt pas un faux
honneur, mais ce n'eſt pas un reſſort qui ſoit
particulier à la Monarchie.

Dans le ſecond ſens, il convient au Deſpo-
tiſme comme à la Monarchie, & il n'a de bons
effets pour le public qu'autant que le Monarque eſt vertueux, & qu'il aime le bien public ;
ce n'eſt que dans ce ſens que l'on peut dire ;
que l'honneur eſt un principe politique utile ;

la société, tous les Citoyens em-
ploient leurs talents, & leur industrie pour procurer le bonheur
public, tous doivent donc être
heureux & contents : chacun doit
trouver dans la masse du bonheur
commun tout ce qui est nécessaire

---

c'est dans ce sens qu'un Ancien a pris le nom
d'honneur, lorsque, comme M. de Montes-
quieu, il en a fait un ressort politique de la
Monarchie. » Les dominations & principau-
» tés tyranniques, dit-il, ont un seul bien au
» lieu de plusieurs maux, qui est l'honneur &
» la gloire ; s'ils commandent à de grands
» hommes, cela montre qu'ils sont encore
» plus grands, & s'ils ne visoient qu'à leur
» sureté au lieu de l'honnêteté, ils ne devroient
» seulement chercher qu'à commander à plu-
» sieurs monstres, plusieurs bœufs & plusieurs
» chevaux, non pas à plusieurs hommes. *Plu-*
» *tar. banquet des sept Sages.*

L'honneur n'étoit chez les Romains que l'estime, la réputation, & la gloire qui s'acquiert
par la vertu ; c'étoit pour cela qu'ils avoient
placé le Temple de l'Honneur après celui de la
Vertu ; ensorte qu'on ne pouvoit entrer dans
le Temple du Dieu *Honneur* qu'après avoir
passé par le Temple de la Vertu. *Gyraldi, hist.*
Deorum. Syntagma I.

pour qu'il soit content de son existence & de son sort.

10.° Nous avons fait voir que
l'estime contribue au bonheur des
hommes, & qu'ils sont malheureux par le mépris; que l'on doit
témoigner de l'estime à l'homme
utile, marquer du mépris ou de
l'indignation à l'homme nuisible
ou inutile. C'est donc une injustice & une inhumanité dans l'homme d'un ordre supérieur que de
mépriser le Citoyen d'un ordre
inférieur qui se rend utile dans la
place qu'il occupe, c'est dans tous
les Citoyens une bassesse que de
respecter le vice de quelque déco-
ration qu'il soit revêtu.

11.° Le mépris ne rend pas
seulement l'homme malheureux,
il l'irrite, il le soulève. Ce n'est
donc pas seulement une injustice,
une inhumanité dans l'homme en
place que de commander avec
mépris, que de traiter avec dureté

& avec une fierté infultante le Citoyen qui lui eft fubordonné : c'eft encore un crime contre l'Etat, puifqu'on lui rend odieufe une autorité qu'on doit lui rendre aimable ; parce qu'elle ne peut fubfifter qu'autant que les Citoyens l'aiment.

La Phénicie étoit foumife & fidelle au Roi de Perfe, il en avoit tiré de grands fecours d'argent, de vaiffeaux & de foldats : les Satrapes & les Officiers de guerre qui réfidoient à Sidon, en expofant les volontés du Roi, employoient des termes de mépris & des paroles outrageantes : le peuple s'irrite, forme le deffein de fecouer le joug des Perfes ; il communique fa haine & fa réfolution à toute la Phénicie. Tout s'arme contre le Roi de Perfe, on détruit fes Jardins ; on punit de mort les Satrapes & les Officiers infolents : le Roi de Perfe attaque Sidon

avec toutes ses forces & avec toutes celles de ses alliés, ses efforts sont
long-temps inutiles, enfin il cor-
rompt le Roi de Sidon, la prise
de la Ville est inévitable : les Si-
doniens ne pouvant résister, brû-
lent leurs vaisseaux, s'enferment
dans leurs maisons avec leurs femmes & leurs enfants, y mettent le
feu, & périssent au nombre de
quarante mille. L'insolence des
Satrapes réduisit ainsi en un tas
de cendres & de pierres une Ville
florissante qui avoit été si utile à
la Perse.

Voilà l'effet naturel & infailli-
ble de l'insolence des Administrateurs de la puissance Souveraine : la colere & la haine des peuples s'accroît insensiblement par
le mépris, par l'orgueil, par la
dureté des hommes chargés de
l'administration ; & ce feu caché
éclate au moment qu'on s'y attend
le moins.

12.° L'égalité de bonheur peut exifter avec la différence que la fubordination met entre les hommes d'une même fociété ; car nous avons fait voir que l'homme n'eft point naturellement envieux & jaloux, & que la nature attache le bonheur à la pratique des vertus fociales dans quelque état & dans quelque condition que l'homme foit.

13.° Le bonheur général étant l'objet effentiel de la fociété, il eft contraire à l'équité naturelle, & c'eft un principe deftructif des vertus fociales que d'accorder des diftinctions & des récompenfes aux qualités & aux talents qui ne contribuent point à rendre les hommes eftimables & utiles à la fociété, c'eft dans l'autorité qui les accorde une prévarication, & dans celui qui les follicite & qui les obtient, un larcin.

14.° Par les Loix de la Nature,

la

la société ne peut être puissante
& heureuse qu'autant que la puissance Souveraine sera dans toutes
ses parties administrée de la maniere la plus avantageuse pour le
bonheur général. C'est donc un
crime que de se déterminer par
d'autres vûes que par celles du bien
général, dans le choix des personnes que l'on éléve aux dignités,
aux magistratures, ou à qui l'on
confie des emplois. C'est manquer
à un devoir essentiel que d'être
chargé de nommer à quelque place que ce soit, & de ne pas la
donner au plus digne.

15.º Tout devant tendre au bonheur général de la société, il ne devroit jamais y avoir de dignités
sans fonctions, ou s'il y en avoit,
elles devroient se donner à l'homme qui s'est rendu utile.

16.º L'estime, l'amitié, la bienfaisance des Citoyens, si nécessaires pour le maintien & pour le

bonheur de la société ayant pour fondement l'égalité naturelle des hommes, toute diſtinction dans les rangs & dans les conditions, qui rompt cette égalité naturelle eſt contraire aux principes de la ſaine politique. Tels ſont peut-être dans les ſiécles corrompus, les titres héréditaires, la nobleſſe venale & héréditaire.

17.º La Nature conduit l'homme à la paix, à la bienfaiſance, aux vertus ſociales, par les beſoins & par les inclinations qu'elle lui donne, par le plaiſir qu'elle attache à la bienfaiſance & à la vertu, par la douleur & par les peines qu'elles rend inſéparables de la méchanceté, de la dureté & des autres vices contraires au bonheur de la ſociété.

Ces plaiſirs, ces peines n'ont pas toujours aſſez de pouvoir ſur l'homme pour le fixer dans la pratique de la vertu, pour le garantir

sûrement & toujours des vices contraires au bonheur de la société : il
faut que la société ajoûte aux récompenses que la Nature attache
à la bienfaisance, aux peines dont
elle punit la méchanceté, ce qui est
nécessaire pour rendre l'homme
constamment vertueux & bienfaisant : il faut donc dans une société
des Loix pour punir & pour récompenser : mais ces Loix ne doivent
punir ou récompenser que les actions que la Nature elle-même punit, ou récompense : la puissance
Législative n'est que le vicaire de
la Nature, si je peux parler ainsi.

Semblable à la Nature, la puissance Législative doit faire en sorte
que jamais une action bienfaisante ne soit sans récompense, ou un
acte de méchanceté sans châtiment.

Indulgente comme la Nature,
la puissance Législative ne doit jamais supposer l'homme méchant;

& lorfqu'elle ne peut s'empêcher
de condamner fon action, elle
doit le traiter comme un aveugle
qui s'égare & qui cherche le bonheur hors de la route de la Nature : il faut qu'elle le faffe rentrer
dans l'ordre focial, en ne lui faifant que le mal néceffaire pour
qu'il fente qu'il entroit dans la carriere du malheur.

Mais il faut que la puiffance
Légiflatrice inexorable comme la
Nature, ne permette pas qu'un
méchant homme jouiffe des avantages & des récompenfes dues
à la vertu. Il faut que l'homme
qui a facrifié la vie, le bonheur
de fes concitoyens, foit traité
comme un tigre & comme un
lion furieux.

Les Loix civiles ne font donc
pas des reftrictions appofées au
Droit naturel, comme Hobbes le
prétend, elles n'en font que l'application ou le développement.

18.° Tous les Citoyens devant
obferver les Loix de la fociété,
il eft abfurde que le nombre en
foit fi grand ou l'application fi difficile qu'un homme qui pafferoit
fa vie à les étudier, ne pût s'affurer de n'y pas contrevenir. Il femble qu'alors les Loix, au lieu d'être
les protectrices & les guides des
Citoyens, ne foient deftinées qu'à
les égarer & à produire dans le
fein de la fociété une guerre in-
teftine qui arrache chaque Citoyen à fes occupations, & qui
abforbe les talens & les facultés
d'un nombre prodigieux d'hommes, dont les veilles & les travaux n'aboutiffent, qu'à prouver
qu'une certaine portion de terre
appartient à Pierre & non pas à
Jacques.

Les Légiflateurs les plus fages
ont voulu que leurs Loix fuffent
affez fimples pour être apprifes
& retenues par les hommes les plus

groſſiers & c'eſt pour cela que dans l'antiquité la plus reculée, les Loix étoient écrites en vers.

En négligeant, cette ſimplicité, dit la Mothe le Vayer, les tribunaux de Juſtice produiſent des effets touts contraires à leur inſtitution primitive. Il arrive tous les jours au peuple qui s'y adreſſe, comme à la brebis qui ſe mit ſous un buiſſon pour ſe préſerver de la pluye ; elle y trouva le couvert, mais avant que d'en ſortir il lui fallut laiſſer la meilleure partie de ſa toiſon.

Ce fut pour cela, dit le même Auteur, que Ferdinand, ſous qui les Indes Occidentales furent découvertes, y envoyant un Pédarias pour Vice-Roi, lui défendit expreſſément d'y mener aucun de ces Juriſconſultes qu'on nomme *Letrados* en Eſpagne ; & Mathias Corvin fut contraint de chaſſer de toute la Hongrie ceux qu'il avoit amenés d'Italie, tant ils excitoient de désordres & de ruines par les subtilités de leur chicane : ce furent ces désordres qui selon le même Auteur firent dire à l'un des Catons qu'on devroit paver de chausses-trapes toutes les avenues des tribunaux de Justice (1).

Peut-on concevoir une Législation plus contraire à la saine politique que celle d'une Nation, où la Justice contentieuse entretiendroit le luxe & le faste d'un nombre prodigieux d'hommes de Loi, & les enrichiroit? Ces hommes destinés par état à faire régner la paix & la concorde entre les Citoyens ne seroient-ils pas intéressés à y perpétuer la haine & la discorde, à rendre toutes les fortunes incertaines, & tous les droits litigieux, à former un sys-

―――――――――――――――――

(1) La Motte le Vayer, de l'instruction de M. le Dauphin, *t. 1. p. 52.*

M 4

tême de Légiſlation qui liât aux
tribunaux de Juſtice les fortunes,
le repos, la tranquillité, l'exiſtence de tous les Citoyens, ſous prétexte d'empêcher ou de punir l'injuſtice.

Une Nation où les tribunaux
de Juſtice auroient acquis cet Empire ne ſeroît-elle pas en effet une
Nation conquiſe par les Légiſtes
& par les gens de Juſtice?

19.° Les peines & les récom-
penſes de la ſociété, ne ſont pas
toujours aſſez puiſſantes pour arrêter le crime, ou pour faire pratiquer la vertu; il y a d'ailleurs des
actions utiles ou nuiſibles que la
ſociété ne peut ni récompenſer ni
punir : la Religion offre une récompenſe à ces vertus & rend le
châtiment du crime inévitable.

Il y a des malheurs dont la ſociété ne peut garantir, des maux
qu'elle ne peut ſoulager, & la Religion les rend ſupportables, elle

en fait une source de bonheur; il n'y a donc point de société qui ne doive avoir une Religion, & la Religion a des rapports essentiels avec la puissance & avec la prospérité des états, avec la sureté publique, & avec le bonheur des particuliers. On ne peut affoiblir dans l'esprit de la nation le respect pour la Religion, sans diminuer ses motifs pour la vertu, ses forces pour résister à l'attrait du vice, à l'impulsion du crime; ses ressources pour supporter avec constance ou même avec satisfaction les calamités, les chagrins & la douleur.

Dans cette multitude d'hommes que renferment les villes, parmi les habitans des campagnes, n'avez-vous jamais rencontré des malheureux, accablés sous l'excès du travail, des infirmités & de la misere? votre cœur sensible & tendre a été déchiré à la vue de

M 5

leur sort, aucun d'eux ne s'est jamais offert à vos regards sans émouvoir votre ame, sans ressentir les effets de votre bienfaisance : vous aimez, vous respectez ceux qui les soulagent, ceux qui les protégent ; Et bien, la Religion les console & rend leurs douleurs supportables, ou même précieuses, parce qu'elle n'en laisse aucune sans récompense.

Voyez ce Citoyen pauvre, obscur, rebuté de la société, incommode à ses voisins, évité de ses proches, abandonné de tous les hommes : la Religion le met sans cesse sous les yeux de l'être-suprême, elle lui fait voir dans l'être-suprême un pere tendre qui le console de l'insensibilité des hommes, un rémunérateur qui compte ses soupirs & qui leur prépare une récompense infinie.

Vous traitez, & avec raison, comme un barbare & comme un

monftre, le Miniftre qui abufe de
la Religion, qui fait périr comme des fcélerats, ceux qui réfif-
tent à fon autorité, ou qui, fans
être inftruits & convaincus refufent de le croire & d'échapper à
la mort par un parjure.

Mais en ôtant au malheureux,
à l'homme accablé d'infirmités,
au malade tourmenté par les douleurs, en ôtant dis-je, à tous ces
hommes la Religion & fes efpérances; ne les faites-vous pas expirer dans la prifon, au milieu des
tourments, & dans la douleur ?

Sous fes haillons, dans fon réduit, au milieu des horreurs de
l'indigence, le malheureux, le
malade étoit en fpectacle au ciel;
chaque inftant l'approchoit du
bonheur, chaque fouffrance étoit
un bien, parce qu'elle étoit un
mérite; l'efpérance, le fentiment anticipé des récompenfes
éternelles s'uniffoit au fentiment

de la douleur & le rendoit fup-
portable, ou même précieux ; il
plaignoit les hommes infenfibles
à fes maux, mais il avoit le plaifir de les aimer. En lui ôtant la
Religion & fes efpérances, vous
lui rendez tous les hommes horribles. Sa maifon devient un cachot
affreux, vous le livrez à toute là
vivacité de fes douleurs, il eft en
proie à tous fes maux, & les connoît dans toute leur étendue ; il
les fent fans adouciffement. Vou-
driez-vous être auffi barbare que
l'Inquifiteur ?

Attaquez le fanatifme & la fu-
perftition qui font contraires à la
gloire de l'être fuprême, & funeftes au bonheur des fociétés ;
mais avec vos lumieres, avec votre génie, avec un cœur doué de
l'humanité la plus tendre, la plus
compatiffante & la plus généreufe : aimez & refpectez une Religion qui enfeigne la Morale la

plus propre à feconder & à perfec-
tionner tous les principes de l'in-
dulgence, de la douceur, de la
bienfaifance & de toutes les vertus
fociales; qui veut que tous les
hommes fe regardent & s'aiment
comme des freres.

CHAPITRE III.

De la fociété que les Nations doi-
vent former entre elles.

UNE fociété particuliere eft un
certain nombre d'hommes réunis
qui occupent un efpace de terre,
dans lequel ils trouvent la fubfiftance & la fureté, foit par les productions & par la fituation du pays,
foit par leur travail & par leur induftrie.

Par ce que nous avons dit fur
la fociabilité en général, tous les
principes de bienfaifance qui naiffent de l'organifation de l'homme,

de ſes beſoins, & du fond de ſon
cœur ſubſiſtent dans tous les hommes; quelque climat qu'ils habitent, & ſous quelque gouvernement qu'ils vivent. Il y a donc une
ſociété naturelle entre toutes les
Nations; il y a des Loix qui les
uniſſent, & qu'elles doivent ſuivre. Ces Loix ſont ce que l'on
nomme le Droit des gens, c'eſt-
à-dire ce que les différentes Nations, ou les ſociétés particulieres ſe doivent eſſentiellement, an-
térieurement à toute convention,
& ce qui doit régler les conven-
tions particulieres qu'elles font.

Sans prétendre donner un traité de Droit des gens, nous éta-
blirons quelques principes généraux, qui pourront en faciliter
l'intelligence, & qui ne ſont que
des conſéquences de ce que nous
avons dit ſur la ſociabilité.

1.° La diſtance des lieux, la
différence des climats, ne chan-

gent ni l'organifation, ni l'effence de l'homme. Par-tout il a les mêmes befoins, & les mêmes penchants naturels ; par-tout la Nature attache un plaifir égal à l'ufage des chofes deftinées à les fatisfaire. Ainfi, dans tous les lieux, & fous tous les climats, la Nature difpenfe à tous les hommes un bonheur égal.

Toutes les fociétés ont donc un droit naturel & inconteftable au terrein qu'elles occupent, & qui leur eft néceffaire pour fubfifter ; aucune autre Nation n'a droit de les en chaffer, puifque la Nature n'a pas rendu cette poffeffion néceffaire à fon exiftence & à fon bonheur. Voilà l'origine du droit de propriété de chaque Nation par rapport au pays qu'elle occupe.

2.º Par ce que nous avons dit de la fociété univerfelle que forment les hommes, les Citoyens

de toutes les Nations sont naturellement alliés & freres, toutes
les Nations ne doivent se regarder que comme des branches
d'une même famille, & les différents cantons qu'ils occupent, comme des partages de freres.

3.° Si une Nation se trouve
par quelque calamité dans un besoin extrême, les Nations voisines lui doivent du secours, & si la
multiplication des hommes dans
une Nation, ne leur permet pas
de subsister dans le terrein qu'elle
occupe, elle a droit d'envoyer
des colonies dans les terreins incultes ou qui ne sont point nécessaires à la subsistance de ceux qui
les possédent.

4.° Une Nation qui posséde un
terrein qui n'est pas nécessaire à
sa subsistance, ni à celle des Nations voisines, & qui par son industrie a tiré de ce terrein, des

productions agréables & fuper-
flues, a droit exclufivement à ces
productions, elle eft la feule &
vraie propriétaire de ce pays; tels
font les terreins qu'elle auroit dé-
frichés, les marais qu'elle auroit
delféchés, les lieux arides qu'elle auroit trouvé l'art d'arrofer &
de féconder.

Tous les hommes naiffant avec
les mêmes befoins & avec les mêmes inclinations, ils fortent tous
égaux des mains de la Nature; ils
ont tous un droit égal aux dons
de cette mere commune, tous fes
dons font communs pour tous les
hommes : mais où elle ne produit
rien, l'homme n'a point de droit à
exercer. Si dans ces lieux ftériles,
un homme fait naître des fruits,
ils ne font plus des biens communs
à tous les hommes, ils font propres à celui dont l'induftrie les a
fait naître : c'eft par lui que cette
production exifte, ce n'eft point

une production de la Nature, les autres n'y ont point un droit naturel, elle appartient à celui qui en est l'auteur.

Ainsi, le droit de propriété d'une Nation ne s'étend point au-delà du terrein nécessaire pour sa subsistance, ou qui n'étant nécessaire ni à sa subsistance, ni à celle des autres Nations est devenu fécond & utile par son industrie.

5.º Par les deux articles précédents, une Nation n'a un droit naturel, & une propriété légitime que par rapport aux choses que la Nature a rendues nécessaires à sa subsistance & à son bonheur, ou aux choses agréables & superflues que son industrie lui procure; & qui ne sont pas nécessaires aux autres hommes. La nécessité fait donc passer la propriété de ces choses superflues, à une Nation qui est dans un besoin extrême. Ce superflu est son bien, la

nécessité est son titre, elle a droit
à ce superflu comme le propriétaire a droit au terrein qui lui est
nécessaire , elle peut s'emparer
de ce superflu aussi légitimement
qu'elle peut chasser l'éléphant &
le cerf qui devastent les campagnes.

Ou plutôt , tous les hommes
étant freres la terre est un hérita-
ge commun, que les Nations ont
partagé pour subsister , chacune
dans le canton qui leur est échu.
Si les productions de leurs possessions ne suffisent pas pour leur
subsistance , les Nations qui sont
dans l'abondance , doivent y sup-
pléer. Ce supplément est une in-
demnité qu'elles doivent , & que
peut exiger la Nation qui est dans
le besoin.

6.º Par ce que nous avons dit
sur le besoin & sur la facilité que
l'homme a de se nourrir, le besoin
extrême qui donne droit aux pos-

ſeſſions des autres Nations, & aux productions de leur terre eſt extrêmement rare.

7.° Une Nation qui ne ſe trouve dans le beſoin que parce qu'elle néglige de cultiver ſes poſſeſſions n'a pas droit, même au ſuperflu des autres Nations.

8.° Si l'extrême néceſſité autoriſe la guerre, elle ſeule peut l'autoriſer : la guerre eſt injuſte & contraire au droit naturel toutes les fois qu'elle n'a pas pour objet d'obtenir des choſes néceſſaires, & tous les hommes doivent regarder comme des ennemis, comme des fléaux du genre humain les puiſſances ambitieuſes qui ont des poſſeſſions incultes & qui veulent reculer les bornes de leur Empire & s'emparer des poſſeſſions des autres:

9.° C'eſt la terre qui produit ce qui ſert à nourrir l'homme & à le vêtir, ou à lui procurer ce que l'on

nomme les commodités de la vie:
mais toutes ces productions ne
naissent pas également dans tous
les lieux; les uns produisent abondamment des grains & peu de pâturages, les autres beaucoup de
pâturages & peu de grains, & ainsi
du reste : l'humanité, le plaisir
que l'homme éprouve en procurant le bonheur de ses semblables
& en leur communiquant celui
dont il jouit, le porte à partager
avec ses voisins ce qu'il retire de
son terrein, à leur donner ce qui
leur manque & qui ne lui est pas
nécessaire : par ce moyen il y a sur
la terre le plus grand nombre possible d'hommes, parce que chaque terrein produit la plus grande
quantité des choses nécessaires
pour la nourriture & pour l'entre-
tien de l'homme : chaque Nation
qui emploie son industrie à tirer
de son terrein, la plus grande
quantité des productions auxquel-

les il eſt propre, eſt donc en droit
d'établir un commerce de troc ou
d'échange avec une Nation qui
abonde en productions dont elle
manque, & cette ſeconde Nation
eſt obligée à cet échange.

Le commerce d'échange ou de
troc, a, comme on le voit, ſon origine dans la bienfaiſance & dans
l'amitié naturelle de l'homme pour
ſon ſemblable; il fortifie, il augmente ce ſentiment, il rend la
paix conſtante & ſolide, il tend à
produire ſur la terre un bonheur
égal entre les hommes : il n'y a
donc point de Nation qui ne doive tendre à ſe réduire au commerce de troc & à détruire le commerce d'argent qui n'a pour objet
que le lucre; il eſt également contraire à la paix, à la vraie grandeur
& au bonheur des Etats. «Dans les
» pays où l'on n'eſt affecté que de
» l'eſprit de commerce, dit l'Auteur
» de l'Eſprit des Loix, on trafique

»de toutes les actions humaines &
»de toutes les vertus Morales (1).

10.° Les hommes ont un defir
naturel de l'eftime, ils craignent
le mépris & la haine : ils doivent
de l'eftime, de l'amitié à tout
homme jufte, humain & bienfaifant. Toute Nation qui refufe fon
eftime & fon amitié aux autres
Nations, qui les hait, & qui les
méprife, viole donc le Droit des
gens, elle renferme un principe
d'orgueil, d'inhumanité, de guerre & de deftruction.

Le mépris, la haine, l'envie
d'une Nation, anéantit toutes les
relations que la Nature a mifes
entre les hommes ; un homme qui
en hait un autre, qui le méprife,
ne le voit plus comme fon femblable, comme fon frere, comme fon
ami, comme fon défenfeur, il croit
avoir contre lui tous les droits

---

(1) Efprit de Loix., *l.* 20. *c.* 2.

que lui donne la force contre les animaux foibles ou malfaifants : il eft donc impoffible qu'une Nation qui méprife les autres ne foit pas injufte & inhumaine.

Par une Loi immuable de la Nature, un acte d'injuftice & d'inhumanité allume la haine & le defir de la vengeance dans le cœur de celui qui en eft l'objet, & de ceux qui en font les témoins : une Nation qui méprife les autres, fouléve donc contre elle tous les peuples, les aigrit, les arme, & devient la victime de fes injuftices & de fon orgueil.

C'eft donc une politique inhumaine & fauffe que d'allumer ou d'autorifer cet enthoufiafme, ce fanatifme national qui fait regarder les autres Nations avec mépris & avec dédain. Ce fanatifme national peut donner à un peuple une force extraordinaire & produire des fuccès éclatants & rapides;

des; jamais il ne procurera une gloire folide, une profpérité durable. Ce même fanatifme qui fait regarder les autres Nations avec mépris & qui les fouléve, fait auffi que la Nation fanatique néglige les moyens de réfifter à la haine des Nations qu'elle méprife. Cette haine s'accroît infenfiblement, unit toutes les Nations méprifées, éclate tout-à-coup & diffipe la puiffance orgueilleufe qui avoit violé le Droit des gens : tel a été le fort de tous les peuples enorgueillis de leurs forces & de leurs richeffes, qui ont méprifé les autres.

11.° Dans l'inftitution de la Nature, il n'y auroit aucune défiance entre deux Nations voifines; elles feroient amies, & il y auroit même entre elles une confédération naturelle.

Mais fi l'on apperçoit dans une Nation le defir & le projet d'une do-

mination univerfelle, tous les états
également puiffants ou plus foibles
feroient ennemis de cette puiffance & pourroient légitimement
former une ligue & entreprendre
la guerre pour mettre cette puiffance hors d'état d'exécuter fon
projet : ainfi les Grecs devoient
réunir leurs forces pour détruire la
puiffance des Perfes auffi tôt qu'ils
le pourroient : ainfi tous les peuples devoient fe réunir pour détruire Rome & Carthage : ainfi
toutes les puiffances doivent fe
réunir pour détruire les brigands
d'Alger, de Tunis, de Sallé ;
ainfi dans tous le temps, toutes les
Nations devront fe liguer contre
une puiffance qui peut commander à beaucoup d'hommes, qui
eft livrée au luxe, & qui n'a ni
commerce, ni mines d'or & d'argent : ainfi tous les peuples doivent fe liguer contre une puiffance qui voudroit jouir exclufive-

ment d'une chose que la Nature
a rendue commune à tous les hommes. Telle seroit une puissance qui
affecteroit l'Empire de la mer &
qui prétendroit y régner.

12.° Si deux Nations prétendent posséder exclusivement un
terrein qui n'est nécessaire, ni pour
leur subsistance, ni pour leur bonheur, & que, leurs droits respectifs
étant obscurs, elles s'arment pour
s'emparer de ce terrein, la guerre
est injuste entre ces deux Nations;
elles doivent terminer leur contestation par voie d'accommode-
ment par arbitrage, ou de toute
autre maniere.

13.° Dans la guerre défensive
une Nation a pour objet de repous-
ser un ennemi qui l'attaque dans
ses possessions, dans sa liberté qui
trouble son bonheur ou qui mena-
ce la vie de ses Citoyens.

La guerre même défensive entraîne avec elle presque tous ces

maux, il ne faut se déterminer à
la faire qu'après avoir tenté tous
les moyens de l'éviter.

14.° Les hommes peuvent nuire sans dessein, & par erreur: il
est de l'équité naturelle de ne
regarder le mal qu'ils font comme
une offense, & comme un acte
d'hostilité, qu'autant que l'on est
sûr qu'ils l'ont fait dans l'intention
de nuire & d'offenser : un homme
qui hors même de la société en
tueroit un autre, parce qu'il l'auroit heurté, seroit un monstre
d'inhumanité, & une Nation est
inhumaine & barbare lorsqu'elle
fait la guerre sans être sure que le
traitement dont elle se plaint est
l'effet d'un dessein formé de l'atta-
quer & de l'envahir, ou de lui en-
lever ses possessions.

15.° La guerre n'étant qu'un
moyen de conserver sa vie, ses
biens & sa liberté attaquées, aucune Nation belligérente ne peut

sans violer les Loix de l'humanité
faire à la Nation ennemie ce qui
n'est pas nécessaire pour se procurer l'objet pour lequel elle s'est
armée. Un peuple ne doit point
faire à son ennemi un mal que
l'ennemi peut lui faire & qui ne
décide point la contestation pour
laquelle on s'est armé, parce qu'a-
lors ce mal n'a pour objet que le
malheur de l'humanité, ce qui est
un crime de Léze-humanité, si je
peux parler ainsi : tel est par exemple le mal que fait un ennemi en
empoisonnant les eaux , les aliments, les armes. Par la même raison on ne doit jamais se permettre contre son ennemi , ni perfidie, ni noirceur.

16.° Si dans une guerre défensive, la Nation attaquée triom-
phe , elle doit prendre toutes les
précautions nécessaires pour s'affurer que la nation vaincue ne trou-
blera plus la paix : mais on ne doit

jamais fe permettre contre elle rien au-delà. Quand un homme eſt armé pour nuire c'eſt un ennemi ; quand il eſt vaincu & déſarmé c'eſt un homme à plaindre , & qu'il faut épargner & conſoler à moins qu'on n'ait à ſe défendre contre les Antropophages, comme les hyènes , contre des hommes qui ne connoiſſent de droit que la force comme les Flibuſtiers, les Algériens , &c. qu'une longue habitude de la guerre & du pillage rend incapables de vivre en paix ; il faut peut être les réduire en ſervitude juſqu'à ce qu'ils aient pris des ſentimens & des habitudes pacifiques , & rendre à leurs enfants la liberté.

Hobbes a dit une choſe indigne d'un philoſophe & une abſurdité , lorſqu'il a prétendu que le vainqueur pour s'aſſurer de la jouiſſance de ſes conquêtes pouvoit légitimement prendre toutes ſortes de moyens qu'il jugeroit convenables (1).

17.° La guerre qui n'a point pour objet des choses nécessaires, étant terminée par des traités, on doit les observer religieusement, & toute infraction faite à ces traités est un crime.

18.° L'homme aime nécessairement son existence, sa liberté, son bonheur, la possession assurée de tout ce que la Nature a rendu nécessaire à son bonheur : il ne faut donc point que les traités de paix dépouillent & privent les vaincus d'aucun de ces avantages: la guerre subsiste en effet toutes les fois que le vainqueur prive le vaincu de quelqu'une des choses que la Nature a rendues nécessaires au bonheur de l'homme, parce qu'alors le vainqueur fait une guerre continuelle au vaincu.

_____

(1) De Cive, c. 1. n. 4.

19.° Le droit de conquête ne change point l'effence & la Nature de l'homme : il ne fouftrait point le vainqueur ou le conquérant aux Loix de la Nature, il ne donne point à l'homme le droit de rendre les vaincus malheureux pour procurer fon bonheur : le Souverain par conquête eft donc obligé par la Loi naturelle de n'employer fa puiffance que pour le bonheur général.

20.° Les Romains ne purent donc fans injuftice ni fubjuguer des peuples étrangers, ni acquérir un pouvoir abfolu & illimité fur les pays qu'ils conquirent, ils ne purent l'exercer fans violer les Loix de la Nature.

Mahomet & fes fucceffeurs n'ont pu l'acquérir ce pouvoir abfolu & illimité, fur les peuples qu'ils ont foumis. Aucun des conquérants qui ont envahi l'Empire Romain n'a pu l'acquérir ou le

transmettre : le Droit de la Nature contre lequel rien ne peut pref-
crire, réclame fans cefle contre
leurs ufurpations, ils font en effet
en guerre avec tout ce qui eft foumis à leur pouvoir.

Quelques révolutions que l'Europe ait éprouvées, il n'y a donc
de gouvernement légitime que
celui qui tient les hommes dans
l'ordre que la Nature a prefcrit
pour la formation & pour le maintien des fociétés; telle eft la conftitution du gouvernement de France, d'Angleterre, de Suiffe, de
Suéde, &c.

21.° Toutes les Nations de
l'Europe font aujourd'hui unies
par des traités de paix, qui fixent
leurs droits & leurs limites. Elles
ont toutes dans les contrées qu'elles habitent, ce qui eft néceffaire
pour exifter & pour être heureufes.
Elles font toutes éclairées, elles
font toutes en état de fe défendre.

N 5

& de se secourir contre un oppres-
seur commun. Il n'en est point
qui n'ait des contrées incultes que
l'industrie peut rendre fertiles ; il
n'y a donc aucun sujet naturel &
nécessaire de guerre entre les Nations de l'Europe ; elles forment
une confédération naturelle ; &
par la Loi de l'humanité toutes
leurs contestations devroient se
terminer par voie d'arbitrage, par
le jugement d'un Tribunal formé
par différents Souverains.

22.° Nous avons vu que la division des hommes en différentes
sociétés ne change rien dans leur
constitution naturelle, dans leurs
besoins & dans leurs inclinations.
Cette division ne les dispense par
conséquent, d'aucune des obligations que la Nature impose à
l'homme pour son semblable. Toutes les Nations voisines doivent
donc s'intéresser à faire régner la
paix entre elles. Il y a donc une

confédération naturelle entre toutes les Nations, contre une Nation injuste, & elles doivent par
le droit naturel, employer toutes
leurs forces pour empêcher la
guerre. C'est donc de la part de
toutes les Nations, une obligation, d'établir un Tribunal qui
décide les contestations qui s'élevent entre les Nations voisines,
& de s'armer contre la Nation
réfractaire à ce jugement, comme contre un ennemi de l'humanité.

En un mot, les Nations se
doivent réciproquement tout ce
qu'un homme doit à un autre
homme.

CHAPITRE IV.

De l'obéiſſance que l'homme doit aux Loix de la ſociété.

LA ſociété eſt une aſſemblée d'hommes qui conſacrent leurs forces & leurs talents pour procurer réciproquement leur bonheur, & qui choiſiſſent les moyens les plus propres pour conduire à cette fin, toutes leurs actions ; & pour empêcher celles qui lui ſont contraires.

C'eſt d'après ces vues & ces moyens que ſe forment les mœurs, les uſages, la conduite de tous les Citoyens ; en un mot le ſyſtême & l'harmonïe politique qui doit produire le bonheur des Citoyens, & leur faire pratiquer les vertus ſociales.

Ces moyens ſont donc en effet

des regles & des Loix pour tous
les Citoyens, & ces Loix font
telles qu'on ne peut les enfreindre
fans rompre la chaîne qui lie les
actions des particuliers avec le
bonheur général, fans troubler
l'ordre felon lequel les Citoyens
doivent exercer les vertus fociales; en un mot fans déranger le
fyftême politique, qui doit produire entre les Citoyens des actes
d'humanité, de bienfaifance &
de juftice, leur procurer les fecours qu'ils attendent de la fociété, & les faire jouir des avantages
qu'elle leur accorde. On ne peut
donc tranfgreffer ces Loix fans
violer la Loi naturelle, dont elles
ne font qu'une application particuliere. On doit les refpecter comme des ordres émanés de la Divinité.

Ainfi, perfonne dans une fociété n'eft en droit de fe difpenfer
d'obéir aux Loix, lors même qu'en

obéiſſant on ſouffre injuſtement ; parce qu'on ne pourroit ſe ſouſtraire à cette injuſtice ſans ouvrir la porte à mille vexations qui déſoléroient la ſociété, & par conſéquent ſans préférer ſon bonheur momentané au bonheur général, ſans ſacrifier à une ſatisfaction paſſagere la tranquillité & la félicité publique.

Le Citoyen eſt alors obligé de mourir pour la conſervation de la Loi, comme il feroit obligé de défendre aux dépens de ſa vie, un poſte qu'on lui auroit confié, & dont la perte entraîneroit la ruine de la patrie. Il trouve dans ſa conſcience une conſolation plus grande que l'injuſtice qu'il éprouve, il voit qu'en périſſant il épargne mille maux à ſa patrie, il jouit de tout le bonheur qu'il procure par ſa réſignation aux Loix.

Il voit au-deſſus de lui, un maî-

tre, un juge, un rénumérateur du
sacrifice qu'il fait à la société, &
de son zéle pour remplir les obligations que ce maître suprême
impose à tous les hommes.

Ainsi, Socrate se refusa constamment aux sollicitations de ses
Disciples, qui vouloient le tirer
de sa prison, & l'arracher à la fureur de ses ennemis. Il ne regardoit pas comme un bien de conserver sa vie en donnant l'exemple de la désobéissance aux Loix.

Ainsi, après la victoire que les
Athéniens remporterent aux Ar-
ginuses, les Généraux furent ci-
tés devant le peuple pour avoir
négligé la sépulture des morts : ex-
cepté deux tous comparurent &
furent condamnés à la mort & à
la publication de leurs biens ; tous
subirent le jugement sans qu'aucun reprochât aux Athéniens leur
injustice, parce qu'ils craignoient
d'affoiblir le respect pour le Tri-

bunal qui les avoit condamnés ;
& pendant qu'on se préparoit à
l'exécution » Diomédon l'un des
» condamnés s'avança au milieu
» de l'assemblée (c'étoit un hom-
» me expert dans la guerre , &
» distingué par son équité & par
» toutes sortes de vertus): quand
» on eut fait silence , il dit : Athé-
» niens, je souhaite que l'arrêt que
» vous avez prononcé contre nous
» tourne à votre avantage. Mais
» puisque la fortune nous empê-
» che de rendre nous-mêmes aux
» Dieux, les actions de graces que
» nous leurs devons pour la victoi-
» re que nous avons remportée ,
» il est juste que vous vous en char-
» giez. Ne manquez pas de vous
» acquitter de ce devoir envers
» Jupiter Sauveur, le Dieu Apol-
» lon, & les Augustes Déesses, car
» c'est un vœu auquel nous nous
» sommes engagés avant la batail-
» le. Diomédon ayant ainsi parlé

»fut conduit au lieu du supplice,
»laissant à tous les honnêtes Ci-
»toyens un grand sujet de régrets
»& de larmes, sur ce qu'ayant à
»subir une mort injuste, il n'avoit
»fait aucune mention de ses in-
»térêts (1).

Lorsque les hommes forment
une société, ils s'engagent à procurer le bonheur général, même
aux depens de leur vie, s'il est

_____

» (1) Les onze Magistrats créés par les Loix,
» pour connoître des matieres criminelles, dit
» Diodore de Sicile, firent mourir ainsi des
» hommes, qui, au lieu d'être coupables con-
» tre leur patrie, venoient de remporter la
» plus grande victoire navale, entre des Grecs,
» dont on ait jamais parlé ; qui s'étoient com-
» portés en braves gens en plusieurs autres ren-
» contres, & qui avoient dressé plusieurs tro-
» phées à l'honneur de la République. Mais
» ce malheureux peuple étoit alors dans un
» accès de phrénesie allumé par ses haran-
» gueurs. Les harangueurs & les harangués
» eurent bientôt lieu de se repantir de leur ex-
» travagance barbare, & ils en furent châtiés,
» non par un tyran, mais par trente. Callixène
» qui avoit proposé l'avis de la mort, fut le

néceſſaire : il n'y a donc point de Citoyen qui ne doive ſa vie, ſi en la conſervant il met la ſociété en danger de périr, ou d'éprouver de grands malheurs, & c'eſt ſur cette convention eſſentielle dans toute ſociété, qu'eſt fondé le droit de vie & de mort que la ſociété a ſur tous les Citoyens pour procurer le bonheur général.

Le Droit néceſſaire à la conſer-

» premier objet du reſſentiment du peuple ; il » fut appellé en jugement comme ayant trom- » pé ſes auditeurs, & ſans qu'on daignât l'en- » tendre, il fut ſaiſi & mis en priſon. Diod. » *l.* 15.

Voilà quelle étoit la juſtice & la raiſon de ce peuple livré au luxe, rempli d'artiſtes habiles en tout genre ; paſſionné pour les ſpectacles, avide de nouveauté, railleur, plaiſant, fécond en ſaillies. Un déclamateur, un ſophiſte, avec une tournure élégante, avec un trait d'imagination, dont les hommes médiocres ne ſont jamais dépourvus, faiſoit commettre à ce peuple, d'ailleurs humain, doux & poli, les plus horribles injuſtices ; & ce peuple, le jouet des ſophiſtes les plus médiocres, ſe croyoit un peuple de Philoſophes.

vation de la société, est ratifié
par la Divinité qui a tout ordonné, pour que les hommes vécuf-
fent en société. Ainfi, la foumiffion aux Loix eft un devoir de
religion, & le Citoyen religieux,
lors même qu'il eft injuftement
condamné, fouffre avec réfigna-
tion & fans murmurer, parce qu'il
fait que la foumiffion a un juge,
& qu'elle aura une récompenfe.

Si vous ôtez ce juge, ce rémunérateur, ce légiflateur primitif,
vous ôtez le plus ferme appui des
Loix, & aux Citoyens le plus puiffant motif de la foumiffion aux
Loix & au Magiftrat.

Toutes les fociétés font donc
en effet des Théocraties, non parce que l'Etre fuprême infpire &
dicte les Loix, mais parce que
voulant que les hommes vivent
en fociété, il veut que les Loix
qui lui fervent d'appui, foient
obfervées.

Tous les peuples qui ont connu l'Etre suprême, ont cru que les Loix civiles étoient sous sa protection, qu'il punissoit ceux qui les transgressoient, & qu'il récompensoit ceux qui les observoient. Les Nations qui n'ont pas eu le bonheur de connoître l'Etre suprême ont mis chaque vertu sociale sous la protection d'une Divinité qu'on invoquoit pour obtenir cette vertu. Toutes ont assigné à chaque vice une Divinité vengeresse qui poursuivoit l'homme, le Citoyen qui s'y abandonnoit.

Qu'il me soit permis de rappeller ce que j'ai dit jusqu'ici sur la sociabilité. L'homme naît avec une organisation, des besoins, des inclinations qui lui rendent la société nécessaire. Son organisation, ses besoins, ses inclinations le portent à procurer le bonheur des hommes, auxquels il est uni. En

réfléchissant sur son origine , &
sur celle du monde , il voit que
le monde est l'ouvrage d'une intelligence suprême , qui a tout
créé, tout ordonné , tout arrangé avec sagesse. Il se voit sans
cesse sous les yeux de cette intelligence juste & bienfaisante. Ce
n'est plus la crainte des hommes
qui le soumet aux Loix, c'est l'a-
mour & la crainte de l'Etre suprême. Il observe les Loix , lors même qu'elles sont contraires à ses intérêts civils. Convaincu que l'Etre
suprême connoît & punit tout ce
qui trouble l'ordre & le bonheur
de la société ; il résiste à l'impé-
tuosité des passions , ou s'il céde,
l'idée de l'Etre suprême dont il a
allumé le courroux, le fait bien-tôt
rentrer dans la route de la vertu.

Telles sont les vûes, tels sont les
sentiments qui naissent dans l'ame
d'un homme aux yeux duquel la
saine philosophie a fait disparoî-

tre la chimère du hafard , & le monftre de la fatalité ; qui eft perfuadé qu'une intelligence toute puiffante a créé le monde , formé tous les êtres & l'homme pour une fin; qui a impofé à l'homme la loi de l'aimer au deffus de toutes chofes , & d'aimer les autres hommes comme lui-même. Car nous avons vu que les befoins de l'homme, fon organifation, fes inclinations, le conduifent à cet amour de fon prochain.

Dans l'examen que j'ai fait de l'homme, je n'ai rien fuppofé : les caufes finales n'ont point dirigé mes recherches, je n'ai admis que ce que j'ai vu attaché à la Nature humaine, ce que l'expérience découvre daus tous les hommes de tous les fiécles, de tous les pays, ce que tout le monde peut reconnoître en rentrant en lui-même.

Je peux donc conclure que l'homme eft fociable & que tous

les hommes font deftinés à former
fur la terre une fociété dont la
bienfaifance, la tendreffe, la reconnoiffance, la confcience, l'honneur, la religion, la paix & le bonheur font les Loix & la fin.

On ne doit donc pas à l'homme qui facrifie le bonheur des autres à fon plaifir, cette molle in-
dulgence qu'on voudroit nous inf-
pirer, en le repréfentant abandonné par la Nature à l'empire des
fens & entraîné par fon intérêt
perfonnel, puifque l'intérêt perfonnel n'eft oppofé au bonheur
général que dans les hommes qui
ont étouffé dans leur cœur toutes
les infpirations de la Nature, tous
les remords de la confcience, tous
les avertiffements de la raifon.

On leur doit fans doute de l'in-
dulgence puifqu'ils font en effet
malheureux, ou dans la route qui
conduit au malheur; mais c'eft en
leur rendant le vice odieux qu'on

doit l'exercer, & non pas en l'excufant ou en palliant leurs torts.

Sommes nous dans un fiécle, dans une Nation où la vertu fcrupuleufe & délicate ait befoin d'être confolée des fautes qui échappent à fa vigilance & à fon attention, où il faille raffurer les ames timorées, contre la crainte d'avoir nui aux autres par imprudence, ou omis de faire un bien qui pouvoit fe faire? Nos Loix font elles écrites avec du fang comme celles de Dracon? Ou leur exécution eft-elle fi rigoureufe qu'il foit néceffaire de tromper ou d'attendrir l'inexorable févérité de ceux qui veillent au maintien de l'ordre & qui jugent les coupables?

Sçait-on fi en excufant le méchant toutes les fois qu'il cherche fon bonheur, on ne l'a pas enhardi à commettre un crime, qui le revoltoit, étouffé un remords qui auroit rendu le vicieux à la vertu?

Apprenons

Apprenons donc au méchant combien il eſt coupable, & faiſons lui connoître qu'il ne peut être heureux qu'en pratiquant les vertus ſociales dont la Nature a dépoſé tous les principes dans ſon cœur.

CHAPITRE V.

Les déſordres & les crimes qui ont déſolé les ſociétés, ne peuvent, ni rendre douteuſe l'exiſtence des principes de ſociabilité dans l'homme, ni autoriſer à le juger naturellement féroce & méchant.

Si les hommes ſont naturellement ſi humains, & ſi bienfaiſants, pourquoi, dit-on, la guerre s'eſt elle allumée ſur la terre, pourquoi y eſt-elle ſi ancienne & ſi générale ? Si l'homme naît avec l'amour

Tome II. O

de ses semblables, avec de l'aversion pour le mal, pourquoi voiton des peuples Antropophages? comment a-t-on vu les Rois de Babylone tuer leurs courtisans parce qu'ils avoient montré plus d'adresse qu'eux dans la chasse? Cambyse auroit-il percé le cœur du fils de son Echanson, pour faire voir que le vin ne lui ôtoit ni l'adresse ni la raison? Comment depuis Auguste les Empereurs Romains ontils versé tant de sang humain, commis tant de cruautés, qui souvent n'avoient pour objet que d'offrir un spectacle à la barbarie?

Les excès des Barbares qui ont anéanti l'Empire Romain, égalent les cruautés des Rois de l'Orient, & des Empereurs.

Depuis que ces Barbares ont partagé l'Empire de Rome, le feu de la guerre s'est-il éteint? N'at-on pas vu les Souverains & les peuples occupés à étendre ou à

conserver leurs prérogatives au
dedans & au dehors? Ne les a-t-on
pas vu sacrifier à leur vengeance
particuliere le repos & la vie de
leurs sujets & de leurs concitoyens?

N'y a-t-il pas dans tous les états
une espéce de guerre intestine ?
Les hommes d'une même Nation,
du même état, de la même profeſſion ne se haïſſent-ils pas? Ne
ſont-ils pas jaloux des richeſſes,
de la réputation, des ſuccès de
leurs pareils? Y a-t-il une ſociété
où le bonheur du foible ne ſoit pas
ſacrifié aux plaiſirs, aux fantaiſies
du puiſſant? Ne voit-on pas par-tout
une inſenſibilité barbare dans les
Souverains, dans les grands, dans
les riches pour le foible, pour le
malheureux, pour l'indigent? Qui
de ces hommes voit dans l'homme opprimé ſon frere, ſon ſemblable, un être deſtiné comme lui
à être heureux, & au bonheur duquel il eſt obligé de s'intéreſſer ?

Je demande à ceux qui propofent ces difficultés, comment la peinture qu'ils font du crime & du vice, ne leur fait pas juger que le crime eft dans l'homme l'effet d'un défordre contraire à fa Nature, & non pas la fuite d'un penchant naturel ? Qu'ils rentrent en eux-mêmes, qu'ils confultent leur confcience, qu'ils interrogent leur cœur, & qu'ils me difent s'ils y trouvent le germe, le principe des barbaries & des cruautés qui leur font juger que l'homme eft naturellement & effentiellement méchant ?

Je leur demande fi le fyftême qu'ils fe font fait fur la perverfité de la Nature humaine, les empêche de fremir à la vûe d'un meurtre, au récit d'une action barbare?

Je leur demande s'ils connoiffent des méchants qui aient commis de fang froid & fans remords les premiers & les féconds crimes?

Sur tous ces points je suis bien
sûr que personne ne répondra af-
firmativement, & je n'en veux
pas davantage pour faire voir avec
combien peu de fondement on
assure que l'homme est porté au
crime & à la méchanceté, par un
penchant naturel & invincible.

Vous demandez pourquoi la
haine, la discorde & le crime régnent dans tous les temps sur la
terre, pourquoi le vice & la méchanceté ont infecté tous les états?

Qu'il me soit permis de vous
demander pourquoi dans l'étude
que vous avez faite de l'histoire
du genre humain, vous n'avez vu
que des vices & des crimes?

L'Egypte, l'Inde, la Chine,
tous les Pays & tous les siécles n'of-
frent-ils pas des vertus civiles &
domestiques, des Souverains qui
se sont dévoués pour leurs sujets,
des Citoyens qui se sont dévoués
pour leur patrie?

Sur ce même trône où se sont
assis les Tiberes, les Nerons, les
Caligula, n'a-t-on pas vû des Ti-
tus, des Trajan, des Antonins,
des Alexandre Sévére ? Avez vous
lu froidement & fans intérêt leur
hiftoire ? Avez vous vu fans indignation & fans un fentiment de
colére, le récit des crimes des
premiers ? La bonté, les vertus de
Tite, de Trajan, d'Alexandre
Sévére n'ont-elles pas rempli votre
ame d'une admiration tendre ?
N'avez vous pas fenti le defir de
les imiter ? n'ont-elles pas allumé
dans votre cœur un enthoufiafme
qui vous a fait juger que vous
étiez capables de les imiter ? n'a-
vez vous pas été revolté par l'ambition & par l'inhumanité de De-
nis & de tous les Tyrans ? par les
horreurs de Marius & de Sylla ?
Leurs fuccès n'ont-ils pas agité
votre ame ? Les malheurs de Socrate, d'Ariftides, de Phocion,

n'ont-ils pas affecté profondément votre cœur?

Comment donc en lifant l'hiftoire avez vous penfé que l'homme étoit né pour le crime & pour la méchanceté?

Vous vous êtes exagéré l'empire & l'étendue du crime & de la méchanceté fur la terre? Si vous comptiez les actions des hommes, vous trouveriez infiniment plus d'actesde bonté, d'humanité, que de traits de barbarie & de méchanceté.

Ce fut la colere d'Alexandre feul qui détruifit Thebes; mais lorfque Caffandre propofa de la rebâtir, & d'y rappeller les Thébains errants & difperfés; toute la Gréce s'empreffa de contribuer à l'exécution de ce projet; les Athéniens rebâtirent à leurs frais la plus grande partie des murailles; d'autres y firent bâtir des maifons; d'autres enfin leur firent tenir de l'argent pour leurs befoins, & ils en reçurent non feulement de la Gréce, mais encore de la Sicile & de l'Italie : ce fut par cette multitude de fecours, dont les auteurs font inconnus, que les Thebains recouvrerent leur patrie.

Le vice & le crime occupent fans doute dans l'hiftoire plus de place que la vertu : les vices & les crimes qui défolent les fociétés, marchent avec éclat, répandent la terreur, & laiffent des effets qui en perpétuent la mémoire, tandis que la bienfaifance & les vertus fociales travaillent en fecret & fans oftentation au foulagement des malheureux, au bonheur des hommes. L'hiftoire nous a-t-elle dit tous les actes de bonté de Tite, de Trajan, d'Alexandre Severe ?

Nous avons des Tribunaux qui recherchent & qui pourfuivent les criminels, qui manifeftent & qui puniffent les crimes, y en a-t-il

pour rechercher les actes de bienfaisance & de vertu ? Les hommes
vertueux & bienfaisants, publient-
ils leurs bienfaits & leurs vertus,
demandent-ils qu'on les loue, ou
qu'on les récompense ? Ce n'est
donc qu'aux yeux de l'homme superficiel que le crime & le vice dominent sur la terre & que les hommes sont essentiellement féroces
& méchants.

Ne nous bornons pas à ces con-
sidérations générales, remontons
jusqu'à l'origine des désordres qui
servent de prétexte au sentiment
que nous combattons.

Le besoin de se nourrir est une
des premieres causes qui aient allumé la guerre parmi les hommes :
ils se sont armés, ou pour obtenir
des aliments qui leur manquoient,
ou pour défendre ceux qu'ils
avoient. L'ignorance de l'agricul-
ture, une longue stérilité, ont pu
rendre cette guerre durable ; une

Nation vaincue & pourſuivie par
les Nations plus fortes, chaſſée
de ſes poſſeſſions, n'a plus atten-
du rien de leur humanité, elle a
regardé tous les hommes comme
ſes ennemis, elle les a traités comme des bêtes féroces : réfugiée
dans des lieux ſtériles, elle a été
obligée comme les animaux carnaciers, de vivre de la chaſſe ;
elle a régardé comme ſa proie les
hommes & tous les animaux. Peut-
on dire que cette cruauté ſoit un
penchant naturel ?

Les Nations qui ont poſſédé
des contrées fertiles, ont eu des
Citoyens armés, pour les défendre contre l'invaſion des étrangers, pour garantir leurs troupeaux des attaques des animaux
carnaciers, & pour écarter les animaux pâturants qui devaſtoient
leurs campagnes.

Lorſque les hommes ont été
partagés en deux ordres, dont

l'un toujours armé, affrontoit les
périls, & bravoit la mort ; tandis
que l'autre occupé de la culture
de la terre, & des soins domestiques vivoit sans inquiétude, &
n'acquéroit point de courage ; les
hommes armés, se sont insensiblement régardés comme des hommes d'un ordre naturellement supérieur ; ils ont méprisé tout ce
qui n'étoit pas guerrier : les principes de sociabilité se sont altérés,
ils sont devenus les tyrans de ceux
dont ils étoient les protecteurs &
les freres.

Le luxe marche toujours à la
suite de l'orgueil & de l'oisiveté
militaire ; les guerriers désœuvrés,
forts, robustes, ignorants, ont eu
recours au luxe, comme à un
moyen de satisfaire le desir du
bonheur qui presse tous les hommes, lorsque leurs besoins physi-
ques sont satisfaits ; le luxe conduit à l'amour des richesses. Les

guerriers pour avoir de l'argent
ont pillé les étrangers & leurs concitoyens. L'oisiveté, la dissipation
excessive, les plaisirs, la volupté
produisent dans l'organisation des
dérangements qui rendent les
hommes malfaisants. Le peuple
toujours malheureux sous l'empire des guerriers, & dans les états
où regne le luxe, hait tout ce qui
est puissant.

Il s'est donc formé dans les
sociétés des principes contraires
au principe de sociabilité. Les
hommes se sont fait des besoins &
des goûts différents des besoins &
des inclinations qu'ils avoient reçues de la Nature. Au lieu de chercher à procurer réciproquement
leur bonheur, les forts ont opprimé
les foibles, & les foibles sont devenus les ennemis des forts.

La devastation des pais soumis
aux guerriers, a fait sentir la nécessité de les contenir; on a fait

des Loix, pour protéger les foibles
contre les oppreſſeurs :: ces Loix
ont décerné des peines, mais elles
ont laiſſé ſubſiſter ces deux ordres
d'hommes armés , & d'hommes
qui ne l'étoient pas ; elles n'ont
point changé les idées des hommes armés par rapport à la ſupériorité naturelle qu'ils croyoient
avoir ſur les autres hommes.

Les Loix civiles ou criminelles
ont laiſſé les guerriers & les hommes puiſſants avec leurs préjugés,
dans leur oiſiveté, & par conſéquent avec tous les principes de
mépris, de haine & de guerre
contre les autres hommes.

On conçoit ſans peine que le
mélange des beſoins & des inclinations que l'homme reçoit de la
Nature, avec les beſoins, les inclinations, les idées, les préjugés
que la ſociété lui communique,
doivent produire un mélange de
juſtice & d'injuſtice ; une alterna-

tive de bienfaisance & de méchanceté, dans les hommes qui se conduisent par habitude & par routi-
ne, qui agissent sans réfléxion &
qui n'ont point de principes sur
la Morale. Ils ne délibérent point,
ils ne font point usage de leur
raison & de leur liberté, ils sont
mus & déterminés par les apparences ou par l'habitude. La justice ou l'injustice, la bienfaisance
ou la méchanceté, dominent dans
ces hommes selon que leur éducation a développé ou fortifié les
principes de sociabilité que l'homme reçoit de la Nature, ou selon
qu'elle leur a communiqué les
passions, les besoins & les goûts
de la société dans laquelle ils vivent, selon que cette société est
plus ou moins corrompue.

Les hommes sont entre les principes de sociabilité qu'ils reçoivent de la Nature, & les inclinations qui leur sont communiquées

par l'éducation, & par la société, comme un corps entre des forces qui le portent vers des côtés différents. Ce corps ne suit point la route qu'il suivroit s'il n'étoit poussé que par une seule force, il satisfait à chacune de ces forces, & marche, pour ainsi dire, entre elles.

Mais il obéit davantage à la plus grande. Ainsi, par exemple, si ce corps est poussé par deux forces dont l'une agisse horisontalement, & l'autre perpendiculairement la ligne qu'il décrira ne sera ni parallèle à l'horison, ni perpendiculaire, & cette ligne approchera d'autant plus de la ligne horisontale que la force horisontale sera plus grande, & la force perpendiculaire plus petite. L'action uniforme des ces deux forces fait décrire une ligne droite au corps qu'elles meuvent, & il décrit une ligne courbe, si ces deux

forces varient, il s'approche successivement de la direction de l'u-
ne ou de l'autre, selon que l'une
ou l'autre devient plus forte.

Voilà l'image d'une grande partie des hommes depuis qu'ils se
sont fait des besoins & des inclinations différentes, des besoins &
des inclinations qu'ils reçoivent
de la Nature. Ils obéissent & satis-
font, pour ainsi dire, à tous ces
besoins & à toutes ces inclinations,
& sont bons ou méchants selon le
dégré de force de ces besoins ou
de ces inclinations.

Ainsi, lorsque pour subsister,
l'homme est assujetti à des travaux pénibles & continuels, qui
épuisent ses forces; le besoin de
se nourrir & de se procurer le
moyen de faire cesser le sentiment pénible de l'épuisement, est
le besoin dominant dans cet homme. Le desir de se procurer par
ses travaux, un gain sans lequel

il ne peut subsister, & qui l'empêche d'être malheureux, sera plus
puissant que tous les autres besoins, que toutes les inclinations
naturelles. Il haïra comme un ennemi quiconque le privera de ce
gain, quiconque augmentera ses
travaux ou diminuera ses profits.
De-là les querelles continuelles
de ces hommes entr'eux ; pour
s'emparer du travail ; de-là leur
soulevement contre la puissance
civile, soit qu'elle leur commande, des travaux gratuits, soit
qu'elle augmente le prix des choses nécessaires à leur subsistance :
de-là les vengeances cruelles que
ces hommes exercent sur les hommes qu'ils soupçonnent d'être les
auteurs des impositions. Ils les
envisagent comme des tigres, ou
comme des lions.

Lorsque ce même homme voit
que par le moyen de son travail,
il peut subsister, & n'être pas mal-

heureux, il eſt ſoumis à la puiſſance qui le gouverne, reconnoiſ-
ſant envers elle. Lorſqu'il a ga-
gné ce qui eſt néceſſaire pour ſa
ſubſiſtance, il eſt humain, ſécou-
rable & même bienfaiſant envers
ſes pareils, envers tous les hommes.

L'homme riche qui commande
à l'artiſan, au manouvrier, ne
craint point de manquer des choſes néceſſaires pour ſe nourrir,
mais l'homme qui ne manque de
rien de ce qui eſt néceſſaire à la
vie, a beſoin d'être heureux, &
c'eſt dans les plaiſirs, dans les
ſpectacles, dans la diſſipation,
dans les objets du luxe qu'il cherche le bonheur : ce beſoin prend
ſur ſon cœur tout l'empire que le
beſoin de ſe nourrir exerce ſur
l'artiſan, ſur le manouvrier, ſur
le porte-faix pauvre & néceſſi-
reux.

Si l'homme qui ne craint point

de manquer des chofes néceffaires
à la fubfiftance, au lieu de chercher le bonheur dans les objets
du luxe, le cherche dans l'ambition, dans le crédit, dans les dignités, dans la célébrité ; le defir
du crédit, des dignités, de la
gloire & de la célébrité prendra
fur fon cœur l'empire que le befoin de fe nourrir exerce fur l'artifan pauvre, tout l'empire que
l'amour du luxe a fur l'homme qui
le regarde comme le principe de
fon bonheur.

Les hommes livrés au luxe, à
l'ambition, ont donc entre eux
toutes les haines, toutes les inimi-
tiés, toutes les jaloufies qui divi-
fent les artifans & les ouvriers avi-
des & néceffiteux. Chez les hommes livrés au luxe & à l'ambition,
les inclinations fociales feront fubordonnées au defir de l'argent,
du crédit & des dignités, comme
elles le font dans l'artifan & dans

le manouvrier, au defir du gain néceſſaire pour le faire ſubſiſter, & pour lui procurer des liqueurs enivrantes ſans leſquelles il eſt malheureux.

Toutes les fois que ces hommes ne ſeront animés ni par l'ambition, ni par l'amour des richeſſes, & du luxe, ils ſeront juſtes, bienfaiſants. Ils ſont donc tous naturellement juſtes & bienfaiſants, car s'ils étoient naturellement injuſtes & malfaiſants, ils le ſeroient par le ſeul plaiſir qu'ils trouveroient dans l'injuſtice & dans la méchanceté.

Lors même que ces hommes agiſſent pour ſatisfaire l'amour du luxe, de l'argent ou du crédit, ils ſeront plus ou moins juſtes ou bienfaiſants, ſelon que l'éducation ou d'autres cauſes auront développé & fortifié en eux les vertus ſociales, & en auront rendu la pratique plus ou moins utile, plus ou moins néceſſaire à leur bonheur.

Il eſt tel homme que ſa condition, ſon éducation, différentes
circonſtances ; engagent dans la
carriere de la fortune ou de l'ambition, & dans lequel l'éducation,
un heureux naturel, ſes réfléxions
ou ſes efforts ont rendu la puiſſance des vertus ſociales ſupérieure
au deſir d'acquérir des richeſſes,
des dignités, ou du pouvoir, ſupérieure à l'amour du luxe. Ces hommes ſont communément juſtes,
humains, bienfaiſants ; le crédit,
la fortune dont ils jouiſſent, le luxe
lorſqu'ils ſe le permettent, ne ſont
que des moyens d'exercer les vertus ſociales ; c'eſt dans l'exercice
de ces vertus qu'ils font conſiſter
leur bonheur, jamais ils ne les ſa-
crifient au deſir du crédit, de la
fortune ou du luxe.

Mais ces hommes heureux par
les vertus ſociales, ſont les moins
actifs, les moins empreſſés pour

obtenir des charges & des dignités, ils font incapables de fe les
procurer par la baffeffe, par l'intrigue, aux dépens de leur honneur, ou de la juftice.

Au contraire, ceux en qui les
vertus fociales n'ont été ni dévelop-
pées, ni fortifiées par l'éducation,
qui n'ont point l'habitude d'être
heureux par la pratique de ces
vertus, font les plus ardents pour
acquérir des dignités, des honneurs, des richeffes : ils font moins
difficiles fur le choix des moyens
qui les procurent : ainfi dans une
Nation où l'amour des richeffes
& du crédit régnent, les places
qui conduifent à la fortune, les
dignités, les honneurs ne font pas
le partage des hommes en qui les
vertus fociales font les inclinations
dominantes : l'autorité doit paffer
infenfiblement à des hommes qui
ne font pas heureux principalement par la pratique des vertus

fociales ; ainfi dans prefque tous
les hommes en place , les vertus
fociales font fubordonnées au defir du crédit & des richeffes.

Les hommes riches , puiffants,
conftitués en dignités , agiffent
donc prefque toujours pour acquérir des richeffes , des dignités
& du crédit : fi pour réuffir dans
leurs entreprifes, ils n'ont que des
moyens contraires à l'honneur, à
la juftice & à l'humanité ; ils feront
portés vers ces moyens par une
force fupérieure à celle des inclinations fociales ; ils agiront comme s'ils n'avoient aucun égard au
bonheur des autres ; la force des
vertus fociales dans cette occafion
fera nulle , ou infenfible : ces
hommes ne feront donc juftes &
bienfaifants que dans les chofes
peu utiles pour eux ; c'eft-à-dire
dans des affaires ignorées du public ; ils paroîtront toujours agir
pour acquérir des richeffes & du

crédit fans égard pour le bonheur
des autres & les vertus fociales
paroîtront n'avoir aucune influence fur leur conduite; toutes
leurs actions paroîtront produites
par l'amour du luxe & des richeffes : ils auront mille degrés de force pour aller à tout ce qui augmentera leurs richeffes & leur crédit
ou leur luxe, & ils n'auront qu'un
degré de force pour les empêcher
de faire le malheur de leurs concitoyens, & des autres hommes.

Pour réfifter à cette force, il
faudroit examiner, fi les richeffes,
la puiffance & le luxe font néceffaires au bonheur, s'ils n'y font pas
contraires; lorfqu'on fe les procure
aux dépens du bonheur des autres, fi les vertus fociales, même
obfcures & ignorées du public ne
font pas le feul moyen d'être heureux ; or ces hommes n'ont jamais
eu le moindre doute fur tous ces
objets. C'eft chez eux un principe
fondamental

fondamental, une vérité premiere, que le plus grand des biens,
& le seul moyen d'être heureux,
c'est d'acquérir des richesses, du
crédit, & de vivre dans la mol-
lesse, dans le luxe & dans le faste.
Ces hommes ne font donc aucun
usage de leur liberté, pour résister au desir des richesses, du crédit & de la magnificence : leur
vie n'est qu'une suite d'actions,
toutes produites par leur intérêt
particulier, & presque toutes di-
rigées contre le bonheur général.

Les Citoyens vertueux qui exerceroient quelque portion d'administration dans ces états, pren-
droient le parti de l'humanité,
de la justice, & de la bienfaisance ; ils proposeroient des moyens
d'administration, toujours désa-
prouvés par leurs supérieurs, par
leurs égaux & par leurs inférieurs ;
les hommes en place ne combat-
troient les principes de justice &

de droit naturel qu'on leur oppo-
seroit que par le droit du plus
fort , par la maxime qui porte
que tout appartient au puissant ,
& ce seroit d'après ces principes
qu'ils exerceroient l'autorité dont
ils seroient dépositaires ; le droit
naturel & les principes de sociabilité ne seroient à leurs yeux que
des chimères ; la force seule feroit pour eux le juste , ils ne con-
noitroient point d'autre droit public.

L'histoire qui ne transmet communément que les actions des
personnes puissantes , & celles qui
ont rapport au public , n'offre
donc communément qu'une masse énorme de méchancetés , de
vexations , de noirceurs , d'usur-
pations générales & particulieres,
& un oubli presque total des principes de la sociabilité , dans les
Nations où dominent l'amour du
luxe & des richesses , où re-

gnent les paffions & l'ambition.

C'eft dans ces archives de la perverfité du genre humain, que le méchant, l'homme avide, l'homme livré au luxe, le volup‑ tueux, l'intriguant, l'égoïfte & l'homme inutile va chercher l'a‑ pologie de fes injuftices, de fes vexations, de fes manœuvres, de fon infenfibilité. C'eft fur ces au‑ torités qu'il fe fonde, pour avan‑ cer que les hommes naiffent in‑ juftes, malfaifants, & qu'ils n'ont de loi naturelle que de procurer leur bonheur, même aux dépens du bonheur de leurs femblables.

Mais il eft aifé de voir, par ce que nous avons dit, combien leurs prétentions font injuftes.

L'hiftoire nous montre des fié‑ cles, pendant lefquels les vertus fociales dominent chez plufieurs Nations; on les a vues dominan‑ tes chez des peuples que l'on cite en exemple, pour prouver que les hommes ont toujours été mal-faifants, & qu'ils le font effentiel-lement.

Lors même que les hommes fe font pervertis, & que les fociétés fe font corrompues, la vertu n'a pas difparu fur la terre.

Entre ces deux claffes d'hommes, en qui l'extrême indigence, ou l'amour exceffif du luxe, des richeffes, du crédit, rendent inutiles & impuiffants les principes naturels de la fociabilité; on voit dans tous les temps des Citoyens qui regardent les vertus fociales comme la fource de leur bonheur, & que ni l'efpérance d'une grande fortune, ni la crainte de la perte de leurs biens & de leur vie, ne peut rendre ni méchants, ni injuftes, ni faux. Le fait que j'avance ici, ne peut être contefté que par ceux qui n'ont jamais vu que des méchants, & qui n'ont jamais lu l'hiftoire, ou qui n'ont jamais fait attention aux exemples de vertus qu'elle offre, & qui n'y cherchoient que des crimes & des vices.

Il n'eſt peut-être point d'homme qui n'ait eu ſous les yeux des exemples de ces vertus; il n'eſt peut-être point de méchant, d'a-vare, d'intriguant & d'ambitieux qui n'ait rencontré des hommes qu'il s'eſt inutilement efforcé de ſéduire.

Mais dans les Nations où domine l'amour du luxe, du crédit & des richeſſes, ces hommes ne ſont pas empreſſés de ſe montrer, & ne publient point la réſiſtance qu'ils ont faite aux méchants qui vouloient les gagner; ſouvent le méchant les décrie, ou les opprime, ils craignent que leur propre vertu n'échoue ou ne s'altere dans les dignités & dans les emplois; ils ſe refugient dans l'obſcurité comme dans un aſile. Le

malheureux les connoît & les révere, il trouve en eux des protecteurs, des bienfaiteurs, des con-
folateurs ; mais ces hommes vertueux n'exiſtent point pour l'homme important , pour l'homme
conſtitué en dignité , pour l'homme brûlé de la ſoif des richeſſes,
ou livré au luxe & à la frivolité.
Quel beſoin ont ces hommes de
connoître l'homme vertueux ? &
quel beſoin l'homme vertueux a-
t-il de s'approcher & de ſe faire
connoître du grand & de l'homme puiſſant, dans une Nation où
regne l'amour du luxe & des richeſſes.

Mais enfin, dira-t-on, il n'y a
peut-être pas un homme qui ne
viole les principes de la ſociabilité, même parmi ceux auxquels vous donnez le nom de vertueux.

J'en conviens, mais je ſuis bien
éloigné d'en conclure que les ver-

tus sociales n'exiftent pas. L'amour
des richeffes, la paffion du luxe,
le defir du crédit & de la célébrité ; l'ambition, l'orgueil, la vanité
dominent dans prefque toutes les
Nations de l'Europe ; nous naiffons tous au milieu de ces principes, ils agiffent fur nos ames,
prefqu'au moment de notre naiffance & nous communiquent prefque toujours un peu de la corruption générale : ce font les motifs
par lefquels on nous excite au travail & à l'application dans l'enfance, & avant que nous puiffions réfléchir. Ces motifs prennent donc
de l'empire fur tous les hommes
d'une Nation corrompue ; mais
ils n'eteignent point les vertus fociales dans toutes les ames. S'il n'y
a point de fociété dans l'Europe,
où l'amour des richeffes, du luxe
& du crédit ne domine, il n'en
eft point où les principes d'humanité, de bienfaifance, foient in-

connus ou éteints, d'où les principes de sociabilité soient bannis.
Nulle part on ne voit des hommes absolument inhumains, méchants, & cruels.

Envain prétendra-t-on avec
Hobbes, que les hommes féroces
& cruels par nature, sont devenus
bienfaisants par intérêt : car on
conçoit bien que la crainte du mal
ou l'espérance de quelqu'utilité,
peut empêcher qu'un être méchant par nature ne fasse du mal,
ou le porter à faire du bien ; mais
il est impossible qu'il fasse le mal
avec répugnance, & le bien avec
goût. Il est impossible qu'il éprouve du plaisir lorsqu'il fait du bien ;
s'il a un amour invincible pour le
mal, il est impossible qu'il ressen-
te de la douleur lorsqu'il fait le
mal, s'il est porté par un penchant
naturel à faire le mal. Il doit faire
le bien qui lui est utile, avec la
même répugnance qu'il éprouve

lorſqu'il prend une médecine déſagréable & ſalutaire.

Aimer, c'eſt comme nous l'a-
vons dit, éprouver du plaiſir ou
de la joie, lorſqu'on voit un objet,
lorſqu'on en jouit, lorſqu'on y pen-
ſe, lorſqu'on en parle. Si l'homme
aime eſſentiellement le mal des
autres, il doit éprouver de la joie,
ou du plaiſir toutes les fois qu'il
leur fait du mal, toutes les fois
qu'il voit qu'ils reſſentent de la
douleur; il ne doit agir que pour
faire du mal. Or les hommes,
même ceux qui ſont malfaiſants
dans les ſociétés où regne le luxe,
ne font point le mal pour ſe procurer le ſpectacle des ſouffrances
& du malheur des autres. Ils éprouvent au contraire un ſentiment
de chagrin & de douleur, à la
vue de leurs maux. Le récit ſeul
des barbaries & des cruautés les
émeut, les irrite & leur rend odieux
ceux qui les ont commiſes; ce

qui feroit impoffible fi l'homme
aimoit naturellement & effentiellement à faire du mal à fes femblables, & à les voir fouffrir.

Si l'homme haïffoit naturellement & effentiellement fes femblables, il éprouveroit de la trif-
treffe & du chagrin, toutes les
fois qu'il les verroit heureux; c'eft
felon Spinofa même, l'effet néceffaire de la haine. Cependant les
hommes voient avec plaifir le
bonheur de leurs femblables; ils
éprouvent du plaifir & de la joie
lorfqu'ils le procurent, lorfqu'ils le
voient; le recit des actions bienfaifantes leur caufe de la joie, ils
eftiment, ils revèrent ceux qui fe
devouent au bonheur des autres,
& qui le procurent. S'ils haïffoient
naturellement les autres hommes,
s'ils aimoient naturellement à les
voir fouffrir, ils fouffriroient à la
vue de leur bonheur, ils haïroient
ceux qui le procurent, ce qui eft

contraire à l'expérience générale.

Le sentiment qui suppose que l'homme est essentiellement ennemi de son semblable & qu'il naît essentiellement malfaisant, est donc démenti par les faits & par l'expérience.

Tous les hommes en rentrant en eux-mêmes, peuvent découvrir cette vérité ; tous peuvent en réfléchissant, connoître qu'ils sont destinés à vivre en paix, à procurer le bonheur de leurs semblables, & à trouver leur propre bonheur dans la pratique de toutes les vertus sociales. Les principes de sociabilité sont donc en effet des Loix naturelles, & l'on peut dire à tous les hommes, comme Moyse dit aux Israëlites : » Ces Loix ne » sont point au-dessus de vous, ni » hors de votre portée. Elles ne » sont point dans le Ciel pour que » vous puissiez dire, Qui montera » jusqu'au Ciel, y prendra ces Loix,

»pour nous les apporter ; enforte
»que nous les écoutions & que
»nous les accomplissions? Elle n'est
»point au-delà de la mer, pour
»que vous puissiez dire, Qui pé-
»nétrera pour nous, jusqu'au-delà
»de la mer, & y prendra cette
»Loi pour nous l'apporter ; enfor-
»te que nous l'écoutions & que
»nous l'accomplissions? Car la pa-
»role de cette Loi est tout proche
»de vous, elle est dans votre bou-
»che & dans votre cœur (1).

Philosophes, Orateurs, Histo-
riens, Poëtes, Littérateurs, ap-
prenez ces vérités à tous les hommes ; rendez-les sensibles & palpa-
bles pour tous les ordres de la société ; dissipez dans tous les esprits
les préjugés qui les obscurcissent :
la communication continuelle de
tous les Peuples de l'Europe entre eux, la société que forment

---

(1) Deuteron, c. 30. y. 11. &c.

entre eux tous les hommes de
lettres des différents pays ; la rela-
tion qui eſt entre toutes les conditions, le goût de la lecture prefque général dans l'Europe, vous
procurent les moyens de manifef-
ter ces vérités à tous les hommes ;
de les porter juſqu'au thrône, &
de les faire paſſer juſque dans les
derniers ordres des Citoyens : ofez
former le noble projet de rétablir
dans l'Europe & ſur la terre, le
regne des vertus ſociales, en faiſant connoître à tous les hommes
que ſans ces vertus il n'y a ni paix
ni bonheur pour les ſociétés &
pour les Citoyens.

Ce ſont les inſtructions, les mé-
ditations, les écrits des Sages de
la Chine, qui, depuis trois millé
ans, y conſervent les vertus ſociales & le bonheur ; ce ſont leurs
inſtructions qui conſervent dans
cet Empire le même gouvernement établi par *Y-a-o* ſon fonda-

teur : mille fois les Chinois ont pu
donner des bornes à la puissance
de leur Souverain, & jamais ils ne
l'ont tenté : persuadés que l'homme n'est point naturellement malfaisant, & que la tendresse paternelle, la piété filiale, sont les sentiments les plus puissants sur le
cœur de l'homme, & les plus propres à le rendre heureux ; ils ont
voulu que le Souverain conservât
toujours sur eux l'autorité paternelle sans restriction, & que les
sujets eussent toujours pour lui la
soumission filiale dans toute son
étendue, afin que les Souverains
vissent toujours leurs enfants dans
leurs sujets, & que les sujets vissent
toujours un pere dans leur Souverain.

C'est ainsi que les Philosophes
Chinois, répandus dans tout l'Empire, ont tenu leurs Concitoyens
dans la plus parfaite soumission,
sans qu'ils aient eu l'humiliation,

l'abaissement & les malheurs de
l'esclavage; c'est ainsi qu'ils ont
fait jouir le Souverain de l'autorité
la plus illimitée, sans autoriser la
tyrannie. La vérité enseignée continuellement & constamment par
eux dans tout l'Empire, a tenu les
Souverains & les sujets dans l'état
de famille, & les y a ramenés facilement lorsque les passions & les
vices les en ont écartés : semblâ-
bles à l'attraction qui tient les élé-
mens & les corps dans la place
qu'ils doivent occuper pour produire l'harmonie du spectacle de
la nature, & qui n'empêche pas
qu'il ne s'excite des tempêtes &
des orages, mais dont l'action
continuelle & imperceptible sur
toutes les parties de la matiere,
remet tous les éléments dans leur
place, & rétablit le calme & l'ordre dans la nature.

Il n'y a peut-être point d'erreur
moins philosophique & plus dan-

gereuſe que le ſentiment de ceux qui prétendent qu'il ne faut point éclairer les hommes.

FIN.

Lightning Source UK Ltd.
Milton Keynes UK
UKHW020755021118
331644UK00011B/623/P

9 780266 665083